UNDERSTANDING MICHAEL PORTER

The Essential Guide to Competition and Strategy

〔エッセンシャル版〕

マイケル・ポーターの競争戦略

ジョアン・マグレッタ

櫻井祐子 訳

早川書房

〔エッセンシャル版〕

マイケル・ポーターの競争戦略

UNDERSTANDING
MICHAEL PORTER
The Essential Guide to Competition and Strategy
by
Joan Magretta

Translated by
Yuko Sakurai
First published 2012 in Japan by
Hayakawa Publishing, Inc.
This book is published in Japan by
arrangement with
Harvard Business Press.
through Tuttle-Mori Agency, Inc., Tokyo.

装幀　水戸部 功

叔父のアーサー・ロジンは
理解すること、説明することの楽しさを、
身をもって教えてくれた
本書をアーサーとベティー・ロジンに、
そして私の両親シリルとユージーン・ゴリンに捧げる

〔エッセンシャル版〕マイケル・ポーターの競争戦略
目次

I　競争とは何か？

第3章 競争優位——バリューチェーンと損益計算書 92

本文中の訳注は〔　〕で示した。

謝　辞

私の知るマイケル・ポーターは、まず何よりも優れた教師である。もし本書がポーターの奥深い研究を理解する一助になるとすれば、それはポーターが私を励まし指導しながら、自身の考えについて辛抱強く説明してくれたことが大きい。本書の執筆を進めるなか、彼は忙しい時間をやりくりして、レーザーのように鋭い注意力をもって一つひとつの章に丁寧に目を通してくれた。

ポーターの考えを説明するためにとりあげた諸企業の事例は、ポーター自身のほか、多くの研究者やビジネス書作家の研究から引用した。発表された研究を用いた場合は、巻末の「注釈と出典」に掲載した。またハーバード・ビジネス・スクールの競争戦略研究所（ＩＳＣ）の優秀な研究員、特にアンドリュー・ファンダーバークにも、未発表の研究を利用させてもらったことをここに記しておく。

多くの同僚や友人が本書の草稿に目を通し、有益な意見を与えてくれた。次の三人には特に惜しみない協力をいただいた。ハーバード・ビジネス・スクールで戦略論を教えるジャン・リブキン教授は、私が論理をはしょりすぎないよう、細かく目を配ってくれた。エリン・マッコルガンは老練な経営者の立場から、ポーターの研究が経営者にとってどのような意義があるのかを、徹底して問いただしてくれた。高名な出版社オーナーで愛書家のポーラ・ダッフィーは、本書の隅々にわたってかけがえのない助言をくれた。レジナ・ファジオ・マルカとアリス・ハワードには意見をいただき、ハーバード大学ベーカー・ライブラリーのクリス・アレン、ISCのリンダ・グレイアム、ハーバード・ビジネス・レビュー・プレスのアリソン・ピーターには力添えをいただいた。

私たちは誰しも賢明な助言や応援をくれる人がいなければやっていけない。私にはレイフ・サガリンとシリル・ゴリンがいた。そもそもこの本を書くよう勧め、エンジンを始動してくれたのもこの二人だ。メリンダ・メリノは有能な編集者としてこの本に関わり、適切な判断と支援を通してよりよい本にしてくれた。

最後に、夫のビル・マグレッタに心からの感謝を捧げたい。妻から夫への儀礼的な感謝ではない。私はこれまで、そしてこれからも、ビルほど聡明な読者を知らない。

はじめに

マイケル・ポーターは、小さな獲物を追ううちに競争と戦略の分野の巨星になったわけではない。彼はまだ駆け出しの研究者だった頃、ビジネスにおける唯一にして最大の、かつ最も重要な問題を追求した——なぜ同じ企業のなかにも、ほかより収益性の高い企業があるのだろう？　この大きな疑問が、次々と別の疑問を生んだ。なぜ一貫して収益性の高い業界が存在するのだろう、またこのことは戦略を立てる経営者にとってどんな意味があるのだろう？　なぜ一部の国や地域はほかより繁栄しているのだろう、そしてこのことはグローバル時代の企業にどんな意味をもつのだろう？

ポーターは新たな分野を拓いた古典的名著『競争の戦略』（*Competitive Strategy*, 1980）〔土岐坤・中辻萬治・服部照夫訳、ダイヤモンド社、一九八二年、新訂一九九五年〕と『競争優位の戦略——いかに高業績を持続させるか』（*Competitive Advantage*, 1985）〔土岐坤・中辻萬治・小野寺武夫訳、ダイヤモンド社、一九八五年〕を世に問うて以来、競争について、そして競争における成功についての根本的な疑問に、着実に答えを積み重ねてきた。経営者にとって、これより大切なことがあるだろうか？

古典の厄介なところは、マーク・トウェインの言葉を借りれば、「誰もが読んでおけばよかったと思うが、誰も読みたいとは思わない」という点だ。ポーターの研究に向き合うのは、厳しい運動療法にとりくむのにちょっと似ている。とてもためになるし、目を見張るような成果を生むことさえある。だがそうでなくても仕事に追われている経営者にとって生易しいことではない。どこから手をつければいいのか？　経営者だけでなく研究者向けにも書かれた数千ページの文献を、どうやって読み進めばいいのか？　最も初期の、かつ最も緻密な論文から手をつけるべきだろうか？　いや基礎はすっ飛ばして、まず最新の考えに触れた方がよいのか？ポーターの研究のよい点は、壮大で奥深いところだ。それは厄介な点でもある。彼の書いたものを読むには、思った以上の労力と集中力が求められるのだ。

だが戦略に本気でとりくもうという人には、ポーターの研究こそが土台となる。本書は彼の研究のエッセンスを、企業の経営者や管理職のためにまとめた。一冊まるまる要旨などという本があるなら、この本がまさにそうだ。

本書の前提となる基本的な考え方は、実に単純なものだ。「明晰な戦略的思考は、どんな状況におかれたどんな経営者にも不可欠であり、ポーターの研究が習得すべき基本的な原則と枠組を与えてくれる」。そこで私はポーターの研究のエッセンスを、原典よりも「消化」しやすく、実践しやすい形で紹介するよう心がけた。だがこのたとえを続けると、ポーターの重要な考えを本気で消化したいなら、呑みこむ前によく噛まなくてはいけない。戦略はファストフードではないし、ポーターも違う。

「戦略の本質は、何をやらないかを選択することだ」と、ポーターはことあるごとにいう。この言葉をいま一度かみしめてほしい。なぜなら戦略が失敗する原因として最も多いのが、これを怠ることだからだ。本書の執筆戦略を立てるにあたって、私もポーターの教えを実践しよう。一言でいえば、本書は次のことを「やらない」本だ。

◎戦略研究者向けの学術的な本は目指さない。想定読者は経営者と管理職、そして彼らに助言を与え共に働く人たちだ。

◎ポーターの研究のすべてを要約しようとしない。競争と戦略に焦点を絞り、医療や環境等の社会問題への競争原理の適用や、経済開発などをテーマとする、多くの優れた研究は扱わない。

◎ポーターの研究を拡張するものではない。ただしポーターがキャリアのさまざまな段階で生み出した考えをまとめたり、初期の研究を改訂して彼がのちに発展させた考えを反映させてはいる。本書はポーターの全面的な協力のもとに、彼の未発表のスピーチ原稿から講義まで、最新の資料を使用する許しを得ている。

◎ハウツー本ではない。空気力学や飛行原理の本を読んだだけでは、パイロットにはなれない。本書はむしろどのように考えるべきか、その指針を示し、優れた戦略とそうでない戦略を見きわめ、まっとうな戦略と一時的な流行に踊らされた戦略とを区別する方法を示す本だ。

なぜいまポーターなのか？

ポーターの研究はいつの時代にも流行の先端ではないが、いつの時代にも今日的な意義をもっている。だが今日ほど民間、公的部門を問わず多くの人にタイムリーなものとして歓迎されたことはない。いまの時代、世界中の多くの業界や国が、途方もない経済変動に翻弄されている。この激変のさなか、競争は転機を迎えている。一方では競争を、成長と繁栄に向かう道、いや唯一の道筋として称える人たちがいる。その一方で、底辺に向かう破壊的な道筋として、競争を恐れ忌み嫌う人たちもいる。戦略そのものも非難の矢面に立たされている。競争で成功する唯一の手段は戦略ではなく、実行だとさえいわれる。せっかく競争優位を生み出しても、今日の過当競争《ハイパーコンペティション》の世界では維持できないのだから、わざわざ戦略を立てる意味はないというのだ。

これは危険な思い違いだ。ポーターの研究のエッセンスを学べば、なぜ何十年にもわたって競争優位を持続させる企業があるのか、この混乱した不確実な時代になぜ戦略の重要性が薄れるどころかかえって増しているのか、その理由を理解できるはずだ。

残念なことに、ポーターを受け売りでしか知らず、その結果不十分で不正確な知識しかもたない経営者がとても多い。この状況をただすために、本書ではポーターの考えのレベルを下げることなく、しかしできるだけ簡潔に説明したい。またその際、戦略やポーターの研究について世にはびこる誤解をはっきりさせよう。

なぜ私が？

私が初めてポーターの研究に触れたのは一九八〇年代初め、ハーバードでMBAを学んでいたときのことだ。ポーターが教える「産業と競争分析」は、カリキュラムで一番人気の新しい講座だった。ここから一〇〇〇人もの戦略コンサルタントが巣立ち、私もその一人となった。私が入社し、のちにパートナーに昇格したベイン・アンド・カンパニーでは、誰もがポーターの本を棚に飾るだけでなく、隅々まで読みこみ、書きこみ、読み返し、実践していた。

私はこれまでのキャリアで、バイオテクノロジーから製薬大手、アパレル、重工業にいたる、さまざまな業界のクライアントと仕事をしてきた。どんな業界や企業も、営利、非営利にかかわらず、その実態を理解するうえでポーターの研究が欠かせなかった。なぜこの企業がこの市場で繁栄または衰退しているのか？　なぜあの組織は低迷に甘んじているのか？　もっとよい結果を出せるはずだし、出すべきなのに、どこがいけないのだろう？　また私がここ三〇年間で目を通した優れた戦略研究のほとんどが、意識的であろうとなかろうと、ポーターの築いた礎に立脚していた。

一九九〇年代初めにはポーターを主要執筆者として擁している『ハーバード・ビジネス・レビュー』（ＨＢＲ）の戦略担当編集者となった。私の現場での実務経験は、それまで学術界や出版業界で経験を積んだ編集者と仕事をすることが多かったポーターの研究に、新たな一面を加えたはずだ。私は理論に通じており、またＨＢＲの戦略担当編集者としてこの分野のきら星たちとも仕事をしてきた。その一方で、現実世界の経営者がどんな難題に頭を悩ませているかも承知していた。こうした視点をポーターと行なった多くの共同プロジェクトにもたらしたと自負している。

そうしたプロジェクトのなかには、ポーターのＨＢＲへの寄稿論文のなかでも、特に大きな影響をおよぼしたものが含まれる。うち二つが、本書と特に深く関係している。ＨＢＲの全論文のうち最も多く引用され、最もよく売れている「戦略の本質」（What Is Strategy?, 1996）と、ポーターの名を一躍知らしめた歴史に残る一九七九年の名論文を全面的に改訂した、「競争の戦略」（The Five Competitive Forces That Shape Strategy, 2008）である。またポーターが論文や著書、論評、プレゼンテーションでさまざまな時事問題をとりあげた際にも協力してきた。たとえば医療における競争、環境政策、都市中心部の再活性化、競争におけるローカルとグローバルの力学、日本企業の成功と衰退、戦略におけるリーダーの役割といったテーマである。

私はその後、経営者の困難きわまりない仕事に関する本を書くために、ＨＢＲを辞した（『なぜマネジメントなのか――全組織人に今必要な「マネジメント力」』）。だがそれ以降もポーターとの共同作業は続いている。ポーターは自身の主宰するハーバード・ビジネス・スクール競争戦略研究所（ＩＳＣ）に、私をシニア・アソシエート（上級研究員）として招いてくれた。これは二〇年近く前に始まった協力関係から続く提携だ。ここで率直に申しあげておくが、私はポーターに雇用されてもいないし、いかなる実質的な金銭的支援も受けていない。私が彼の研究に対してもっている多大なる敬意は、純粋にその真価を評価してのものだ。

大いなる飛躍

ビジネス書の読者ならよく知っているように、マネジメントの権威と呼ばれる人たちは、次々と現れてはあっけなく消えていく。ではなぜポーターの研究は輝きを失わないのだろう？彼の研究をこれほど際立たせ、重要たらしめているものは何だろう？　ポーターは経済理論とビジネス上の実践の隔たりを巧みに埋める、希有な知性の持ち主だ。おきまりのジョークで、経済学者がこんなことを言い合う。

「たしかに現実はそうだが、理論にあてはまるだろうか？」

ポーターの研究が時の試練に耐え、しかもこれほど広く引用、実践されているのは、理論と現実、どちらの世界にもあてはまるからにほかならない。

「隔たりを埋める」とは、ポーターのキャリアを端的に表す表現だ。ちょっと思い浮かべてほしい。ハーバード・ビジネス・スクールは、チャールズ川のボストン市街側に堂々とそびえ立っている。対してハーバード大学の誇る経済学部は、「川向こう」のより伝統的な知性の集うケンブリッジ側にある。歩道橋を使えば、ものの数分で川を渡れる。だがマイケル・ポーターは若い大学院生だった一九七〇年代前半に、まず川の片岸でＭＢＡを取得し、続いて反対岸で博士号を取得することで、通り抜け不能と思われた隔たりを埋めた。ありていにいえば、それまではどちら側も、相手側にほとんど利用価値を認めていなかった。

当時を振り返って、ポーターはこう述べている。

「ＨＢＳには、企業を途方もなく複雑な存在と見なす伝統があった。考慮すべきことは山のようにあった。どんな状況も、それを構成する個人、市場、製品が異なるため、同じものは二つとして存在しない。したがって経営を研究するには、綿密なケース・スタディや現場調査を行なうしかないとされた。……経済学の伝統は、まったく勝手が違った。経済学は現象をモデル化する。そのモデルは……現象を再現したり、その全貌をとらえようとはしない。経済学のモデルは現象の本質を抽象化し、それを数学的に表すのだ」

両方の「学派」に学んだポーターは、どちらも競争で実際に起きることを十分説明していないと思った。ケース・スタディは個々の状況の複雑な要因をとらえるが、そのせいで「木を見て森を見ず」になっている。個々の事例を一般化する手法はなかった。業界を分析するための枠組《フレームワーク》も、コストを総合的に把握する手だてもなかった。他方、経済モデルは逆の極端に振れていた。形式的モデルは、競争の数学的に解明できる側面しかとらえられず、その結果競争の奥深さや多面性をそぎ落とし、現実とはかけ離れた役に立たない抽象概念になっていた。たとえば経済学者のモデルは、すべての企業をほぼ同等と仮定することで、競争を「単純化」する。経営者の参考になるとはいいがたい仮定である。

ポーターはどちらともまるで違う道を歩み、彼のいわゆる「フレームワーク」を生み出した。彼自身の言葉によれば、「私のフレームワークは、このうえなく基本的な論理的関係を示す。いわば物理法則のようなものだ。収益性を高めるには、価格を上げるか、コストを下げるか、その二つの方法しかない。業界内でどのような競争が繰り広げられるかは、五つの競争要因《ファイブフォース》によって決まる。企業は活動の集合体である。これらのフレームワークは、競争の『本質』についての基本的で根本的、かつ不変と思われる関係を示しているのだ」。

ポーターは川の各岸が最も得意とする手法を駆使した。大量のデータを扱う分析的調査を行ない、業界組織論（ＩＯ）と呼ばれる経済学の一分野の概念を検証、拡張した。また数百の事例を子細に調べ、どんな業界にも共通する競争の定義要素を抽出しようとした。こうした要素は、経営者の直感に訴えるものでなくてはならないとポーターはいう。つまりどんな経営者がフレームワークを見ても、自社が属する業界の状況で「意味をなしている」と思えるものだ。

ポーターのフレームワークは当初どちらの岸からも批判された。だが特にすさまじい非難を浴びせたのは、ビジネススクールの同僚たちだ。フレームワークは「抽象的に過ぎる」とされた。いまでこそ信じられない話だが、当時彼のキャリアの前途には暗雲が立ちこめていた。ポーターが最初に生み出したフレームワーク「五つの競争要因《ファイブフォース》」は、いまでこそ本格的なビジネスプログラムの必修となっているが、当時は大いなる飛躍だった。そしてポーター自身こう回想している。

「あれは実に気づまりな飛躍だった」

しかしそれはきわめて重要な一歩でもあった。ベストセラーを引っさげた、経営学の自称「権威」たちが現れては消えていく世界で、ポーターの研究は当然のごとく時の試練に耐えている。「すべて」を説明するというふれこみの「画期的コンセプト」が、経営者に雨あられと降り注がれている。だがこうした概念は、その時々の一部の現象だけにしかあてはまらないものが多い。有用な手法もあるが、効果は持続しない。最悪の場合、流行に飛びついた経営者を破滅に追いやることもある。

これに対してポーターは、一貫して時を超えた原理だけに目を向けてきた。ポーターの理論は、どんな事例にもあてはまる一般理論だ。ポーターの世界に足を踏み入れたが最後、わかりやすいたとえに頼らずにやっていかなくてはいけない。そこにはブルー・オーシャンもなければ、踊る象も、どこかへ行ってしまうチーズもない。代わりに手に入るのは、自社の戦略と財務業績との厳密で明快な対応関係であり、非営利組織なら、戦略と社会的目標の達成度との対応関係なのだ。

ポーターは特異な位置を占める存在だ。学術界では、経済学と経営学で最多の引用回数を誇る。それでいてポーターの考えは、世界中の実業界、政界のリーダーによって最も広く実践されている。彼のフレームワークが、戦略という分野の基盤を築いたのだ。

各章のロードマップ

このロードマップは、これから先の内容を大まかに把握していただくためのものだ。本書は二部構成になっていて、第Ⅰ部は競争、第Ⅱ部は戦略を扱う。

第Ⅰ部　競争とは何か?

第Ⅰ部でまず競争をとりあげるのは、「競争があるからこそ戦略が必要になる」という、単純な理由による。既存企業間の競争は、優位を見出し維持する能力を企業から奪う、過酷なプロセスだ。第Ⅰ部では戦略を考えるための重要な下準備として、競争が起きるしくみをくわしく説明するとともに、競争と競争優位についての最もありがちで、企業を誤り導く思いこみを解く。

第1章　競争――正しい考え方　競争の本質としくみに対する思い違いは、戦略の誤りを招く。なかでも最もよくある誤解が、競争に勝つには「最高を目指す」のが一番だというものだ。これは直感的にわかりやすい考え方だが、実は自己破壊的で、底辺に向かうゼロサム競争をあおりかねない。組織は独自性を目指して競い合うことでこそ、卓越した業績を持続させることができる。

第2章　五つの競争要因――利益をめぐる競争　この章では競争が、売上をめぐる競合企業間の直接対決にとどまらない、より幅広いものであることを見ていく。競争とは利益をめぐる広い意味での攻防であり、業界が生み出す価値の分配をめぐる駆け引きである。ポーターの最も有名なフレームワーク「五つの競争要因」を使えば、どんな業界にも作用している利益をめぐる競争を、わかりやすく表すことができる。競争環境に関する分析はどんなものであれ、これを出発点としなくてはならない。五つの競争要因分析のねらいは、業界が魅力的か否かを判断することではない。これもよくある誤解だ。このフレームワークは、業界の業績と自社の業績について理解を深めるために使ってほしい。

第3章　競争優位——バリューチェーンと損益計算書　「競争優位」という言葉はあまりにも漫然と使われており、いまや組織が得意と自負するほとんどすべてのことを指すようになってしまった。ポーターの定義は、経済の基本原理にしっかりと軸足を置いている。競争優位を正しく理解すれば、自社の創造する価値（価値創造）と、それを創造する方法（バリューチェーン〔価値連鎖〕）、そして業績（損益計算書）とのつながりをはっきりたどることができる。一般に競争優位は、競合他社を負かすために使われる武器と理解されている。だがポーターのいう競争優位は、つきつめれば価値創造に関わる問題であり、それを競合企業とは異なるやり方で行なう方法のことである。この意味で競争優位とは、他社と異なるバリューチェーンをいかに構築し、業界平均を上回る業績を確保するかということに尽きる。

第Ⅱ部　戦略とは何か？

第Ⅱ部では「戦略とは何か」という問いに答える。どんな計画やプログラムも「戦略」と呼ぶことはできるし、実際ほとんどの人がそういう使い方をしている。だが優れた戦略、つまり卓越した経済的業績をもたらす戦略となると、話は別だ。大まかにいって、戦略とは競争から身を守るための防御手段である。具体的には、以下にあげる五つの基本的条件をクリアするものを、堅牢な戦略という。

第4章　価値創造——戦略の核　特徴ある競争上のポジションを獲得するとは、いったいどういうことだろう？　答えは当然、企業が顧客に独自の価値提案をすることにある。実際これがポーターのいう、戦略の第一の条件になる。だが第二の条件はわかりやすくもなければ、直感に訴えるものでもない。独自の価値提案が有効な戦略になり得るのは、それを実現するための最良の活動の組み合わせが、競合他社の行なう活動と異なる場合に限られる。競争優位の源泉は活動にある。つまり、競争優位は競合他社と違う方法で活動を行なうか、競合他社とは違う活動を行なうという選択から生まれるのだ。したがって特別に調整されたバリューチェーンをもっていることが、優れた戦略の第二の条件となる。

第5章　トレードオフ——戦略のかすがい　戦略の第三の条件は、おそらく最も厳しいものだ。トレードオフを行なうとは、すなわち制約を受け入れることをいう。たとえば一部の顧客のニーズによりよく応えるために、ほかの顧客に対してノーという。トレードオフは、選択肢が両立しないときに生じる。成功した戦略は模倣を招くため、模倣されにくい選択を行なうことが欠かせない。いまや競争優位を持続できない時代になったといわれるが、トレードオフはそれが誤っている理由を明らかにする。トレードオフは、次の二つの理由から、戦略の要《かなめ》となる経済的かすがいといえる。第一に、トレードオフは競合他社との価格やコストの差を生み出す重要な源泉だ。第二に、トレードオフが存在するとき、競合他社に戦略を模倣されにくい。なぜなら他社はそれを模倣することで、自らの戦略を損なうことになるからだ。

第6章　適合性——戦略の増幅装置　戦略の第四の条件は適合性《フィット》だ。適合性は、バリューチェーン内の活動間の相互関係に関わるものだ。適合性の考え方は、ある面では実にわかりやすい。ビジネスでの競争に必要な職能分野を連携させることの大切さ——と難しさ——は、経営者なら誰でも知っている。だが適合性には単なる連携を超えて、競争優位を「増幅」させ、その持続性を高めるはたらきがある。戦略における適合性の役割を考えると、別のありがちな誤解が浮き彫りになる。それは、競争での成功が一つのコアコンピタンス、つまり会社が非常に得意とする一つのことによって説明がつくという考えだ。優れた戦略は多くのものごとのつながりによって成り立っており、それには相互依存的な選択を行なうことが欠かせない。一般に企業は核となる活動に専念し、それ以外はアウトソーシングすべきといわれる。適合性は、この一般通念に異を唱える。

第7章　継続性——戦略の実現要因　競争は動的である。かつての誇り高き企業が変革を怠り、衰退した例は枚挙にいとまがない。だがあたりまえに聞こえるかもしれないが、継続性もまた大切だ。変化に乏しい企業が批判されがちだが、ポーターの第五の条件は、これより大きいとはいわないまでも、同じくらい大きな間違いに光をあてるものだ。企業は変化しすぎる、または誤った方法で変化することがある。真の競争優位を築くには、つまり自社の生み出す価値を理解し、バリューチェーンを調整し、トレードオフ、適合性を実現するには、時間がかかる。戦略における継続性の役割を理解すれば、変化そのものに対する考え方が変わるだろう。矛盾しているようだが、組織は戦略を継続することでこそ、適応力とイノベーション能力を高められるのだ。

終章　本書の実践的な意味　ここまで説明したことと、ポーターの核となる考えを現実に適用する方法のおさらいとして、厳選した教訓を列挙する。

本書では本文だけでなく、普通とはちょっと違う結びの部分も重要だ。

よくある質問：マイケル・ポーター　インタビュー　マイケル・ポーターの必読インタビュー。ポーターはこのなかで、競争と戦略に関して経営者から最もよく聞かれる質問に答えている。戦略を阻む最大の壁は、また企業が犯す最もよくある間違いは何だろう？　戦略を損なわずに成長する方法は？　破壊的技術や新しいビジネスモデルについてどのように考えればよいのか？　など。

ポーターを読み解くための基本用語集　本書を読み解くための基本概念をわかりやすく説明し、本書で説明したエッセンスをさらに掘り下げたい読者のために参考文献をあげた。

本書でとりあげる事例に関する注意書き

本書ではポーターのフレームワークを説明するにあたって、ビジネスの事例を幅広くとりあげる。この方法は諸刃の剣だ。一方では、ポーターの考えが「血の通った」現実の組織でどのように活用されているかを示すことで、彼の考えを生き生きと描き出すことができる。だが事例は血肉と同じで、古びるのも早い。本書が印刷またはダウンロードされるや否や、事例を超えるできごとが必ず起きるだろう。実際、私がある企業の競争上のジレンマについて書いている最中に、その企業は破産を申請した。だがこの話はそのまま残してある。私のいいたいことをよく表しているからだ。

ただし忘れないでほしいのだが、本書のねらいは時を超えた原理を伝えること、たとえ事例の「事実」が変化しようとも変わらぬ考えを伝えることにある。競争とはとかく厳しいものだ。どんなに優れた企業でも間違いを犯すことはある。優れた戦略には長く通用するものもあるが、永遠に続くものは一つとしてないのだ。

それに、どの「事実」をとりあげるかという問題がある。ポーターは本書の草稿に次から次へと目を通しては、「もっと数字を」含めるよう、いつもハッパをかけてくれた。だがこの本は教科書ではない。分析演習を求める読者には、それ用の優れた文献を紹介するつもりだ。とはいえ、ポーターがいおうとした大切なことは、戦略には精密で分析的な思考が欠かせないということだ。もちろんロケット工学ほどではないが、ものごとをつきつめて考えようとしない人には向かない。数値に表すことで、いやでも緻密に考えるようになる。

だが特に企業や市場に関するデータでは、例の「事態がデータを追い越す」問題がしょっちゅう生じる。いろいろと逡巡したが、ポーターの論点を明確にするに足る数字を泥沼に陥らずに何とか盛りこむことができた。たとえば企業の相対的なコスト優位性や顧客数など、具体的な数字を用いた箇所は、本書が読まれる頃には事情が変わっていると、ほぼ断言できる。なぜ確実に変わるとわかっている数字をあげるのか？　それは、戦略が事実を基にしていること、あるいはそうすべきことを示すためだ。これをご了承いただきたい。

I

競争とは何か？

戦略は、競争にさらされた組織がどうすれば卓越した業績を実現できるのか、その方法を説明する。だがそもそも競争とはいったい何だろう？　競争はどのように作用するのだろう？　どのような競争が繰り広げられるか、その競争で勝つにはどうすればよいかを経営者が理解するには、何が必要だろう？　卓越した業績を正しく定義すると、どのようになるだろう？　第Ⅰ部ではこういった基本的なことを説明する。

第一に、正しい考え方について。一般に経営者は競争を、戦いの一形態と見なしている。つまり競争とは企業が支配をかけて戦うゼロサムの戦いであり、頂点に立つ者だけが勝利を得るという。だが第1章で見ていくように、これはおそろしく誤った、破滅を招く考え方だ。企業であれ、非営利組織であれ、組織が競争に勝てるかどうかは、独自の価値を生み出せるかどうかにかかっている。ポーターは、一位を目指すのではなく、ユニークな存在になれと諭《さと》す。競争の本質は、競合他社を打ち負かすことではなく、価値を創造することにある。

第二に、適切な分析手法について。卓越した業績はどこから生まれるのだろう？　ポーターの答えは、二つの部分に分けられる。一つめは、競争の舞台となる業界の構造である。これが第2章の主題だ。ポーターの議論がなぜ業界から始まるかといえば、独自性を目指して競争するという選択が、あくまで特定の適切な競合他社に対して下される選択であり、業界の生み出す価値の配分は業界構造によってきまるからだ。ポーターの五つの競争要因のフレームワークは、業界構造と、業界内の「平均的」な企業が期待できる収益性を説明する。

二つめは、企業が業界に占める相対的なポジションだ。戦略的ポジショニングには、企業が創造しようとする価値やそのための手段に関して、それまで企業が下してきたさまざまな選択が反映されている。ここで役に立つフレームワークが、競争優位とバリューチェーンである。第3章では企業の競争上のポジションとバリューチェーン、そして損益計算書とのつながりをたどろう。

これらの主要なフレームワークが、戦略の土台となる。なぜ業界によって収益性が大きく違うのか、その違いがなぜ長期にわたって持続するのか、またなぜ業界内で突出した業績をあげる企業が存在するのかを、これらのフレームワークは説明してくれる。競争に関する経済の基本原理をしっかり理解することが、戦略の基盤となる。

第1章　競争

——正しい考え方

戦略は、ビジネスにおける最も危険な考えの一つだ。なぜ危険なのだろうか？　戦略がこのうえなく重要だということは経営者の常識だが、いざこの用語の使われ方が気になりだすと、実は何の意味もない言葉なのではないかという疑問がわいてくる。ゼネラル・エレクトリック（GE）の伝説的CEOジャック・ウェルチの信奉者は、GEの戦略はすべての事業で一位か二位になることだという（さもなければ撤退だ！）。フォーチュン誌一〇〇社にランキングされる有力企業の新任CEOは、「成長すること」が戦略だという。あるエネルギー会社の幹部にとっての戦略は、「重要な買収を行なう」ことだ。ソフトウェア開発企業は「人材こそが当社の戦略です」と謳う。ある大規模な非営利組織は「支援対象人数を二倍に増やす」ことを戦略にしている。またグーグルの「邪悪にならない」という有名な社是があるが、これはいったい戦略だろうか？

読者が本書を読み終える頃には、なぜこのうちのどれ一つとしてポーターのいう「戦略」の基準を満たさないのか、その理由がわかるはずだ。ポーターのいう「戦略」とは、**高業績を持続的にもたらす優れた競争戦略**のことである。いまあげたどの言明も、企業が競合他社を上回る業績をあげるために何が必要かを明らかにしない。目標や願望を表したものや、重要な活動を強調するもの、経営理念を掲げるものはある。だが競争にさらされた企業がいかにして卓越した業績をあげるかという、最も重要な問題にとりくむものはないのだ。どのような価値を創造するのか？　その価値のどれだけを、どのような方法で獲得するのか？　これらを示すのが戦略の役割だと、ポーターはいう。

戦略は、競争にさらされた組織がいかにして卓越した業績を達成するのか、その方法を説明する。この定義は一見、単純に思える。それは一つにはごくありふれた言葉を使っているため、本当は何を意味するのか、誰も改めて考えようとは思わないからだ。だがいざ考えてみると、実にいろいろな意味がこめられていることがわかる。そもそも競争とは何だろう？　どのように作用するのだろう？　組織はどのようにして「勝つ」のだろう？　**卓越した業績**とはいったいどういうものなのだろう？

戦略は、競争にさらされた組織がいかにして卓越した業績を達成するのか、その方法を説明する。この定義は単純そうだが、そうではない。

ほとんどの経営者が、競争を恐れている。競争はどこにでもあり、どこに行っても逃れられないという不安を感じている。生き残るには競争に立ち向かわなくてはならないことを知っている。成長を続けるには「競争優位」を見出さなくてはならないこともわかっている（ちなみにこの言葉は、ポーターが広めるまではほとんど使われていなかった）。それなのに、なぜ優れた戦略を構築できない企業がこれほど多いのだろうか？　ポーターは、経営陣が競争の本質としくみを根本的に誤解していることが、その一因だという。なぜ正しい理解が重要なのか？それは、競争がなければ戦略は必要なく、「勝つ」方法、つまり競合他社を上回る業績をあげる方法を考案する必要もないからだ。とはいえ、競争はもちろんどこにでもある。主に非営利組織が活動する市場空間にさえ、競争はある。

競争をどのようにとらえるかで、どのような競争方法を選択するかがきまる。競争を正しく理解することで、あり得る選択肢を批判的に分析できるようになる。だからこそ、戦略について考える前に、まず競争と競争優位という問題にとりくむ必要があるのだ。

なぜ最高を目指すべきでないのか？

ゼネラルモーターズ（GM）のCEOダン・アカーソンは、アメリカ政府が大株主となった「新生」GMを再上場させた日のインタビューで、GMがようやく負の遺産から解放され、競争する態勢が整ったといい、「最高の自動車が勝利しますように！」と記者たちに言った。組織のリーダーが社員に「一位」になれと檄《げき》を飛ばすのを、あなたは何度聞いただろう？「業界トップ」になろうという呼びかけはどうだろう？

企業は「最高の」製品をつくり、「最高の」サービスを提供し、「最高の」人材を引きつけていると誇らしげに宣言する。こうしたいい回しには、競争の本質についての無意識の信念が見え隠れしている。この信念はあまりにも直感的に正しいように思えるため、だれも検証しようとしないし、疑問すらもたない。勝ちたいなら、当然最高を目指すべきだ。だが本当にそうなのだろうか？

マイケル・ポーターは、こうした一連の症状に名前をつけている。「**最高を目指す競争**」だ。ポーターによれば、これは競争に対するまったく誤った考え方である。競争のしくみに関するこの誤った考え方から出発すれば、必然的に誤った戦略を立ててしまう。そうなると凡庸な業績に甘んじるほかはない。

ほとんどの経営者にとって、競争とはすなわち最高を目指して切磋琢磨することにほかならない。この信念は、戦争やスポーツになぞらえたたとえ話によってますます強化される。ビジネス書作家が――それに部下を鼓舞しようとするリーダーが――こういったたとえ話に魅かれるのは、それが感覚に訴え、興味をそそるからだ。たとえ話はビジネス上の競争に感情やドラマ、重みを与える。だが反面、誤解を招くおそれもある。たとえはあるものが別のものと似た要素をもっていることを際立たせるが、だからといって二つのものが同一だということではないのだ。

戦争では、勝つのはどちらか一方だ。勝利をあげるには、敵を無力化するか、破壊するしかない。だがビジネスでは、ライバルを壊滅させずとも勝利を得ることはできる。ウォルマートは何十年もの間ディスカウント小売業界の勝者として君臨しているが、ターゲットもそうだ。どちらの企業も、ほかと異なる独自の品揃えで、異なる顧客ニーズを満たそうとしている。ウォルマートはディスカウント小売業者のいわば馬車馬で、「毎日が特売価格」をウリにする。ターゲットはどちらかといえば競技馬に近く、低価格とともにセンスを求める顧客の心をとらえている。ビジネスでは複数の勝者が繁栄、共存することができる。このような競争は、競合他社を破壊することではなく、顧客のニーズを満たすことに焦点を置く。あたりを見回してみよう。満たすべきニーズは無数にある。つまり、勝つための方法もそれだけたくさんあるのだ。

スポーツのたとえ話も同じように誤解を招きやすい。アスリートは「一位」の栄誉をめぐって競い合う。ライバルより優れた成績をあげることだけに集中する。これは勝つための競争だ。だがスポーツでは一つのルールのもとで一つの競技が行なわれ、勝者は一つだけだ。ビジネスの競争はより複雑で、戦いはより自由な形式で行なわれ、多面的である。同じ業界内でも、対象とする顧客やニーズごとに、一つではなく複数の競争が繰り広げられる。たとえばマクドナルドはファストフード、とくにファストバーガーでの勝者だ。イン・エヌ・アウト・バーガー

（IN-N-OUT BURGER）は、スロ﹅ー﹅バ﹅ーガーで成功している。同社の顧客は、注文を受けてから調理する、冷凍でない生の食材を自家製バンズではさんだバーガーを受けとるまで、一〇分以上待つことも厭わない（マクドナルドでは永遠のような時間だ）。ポーターの言葉で言えば、企業はきまったライバルとのきまった競争に参加する代わりに、自分の土俵で勝負することもできるのだ。

考え方の習慣を崩すのは難しいが、そもそもそういう習慣があると自覚していない場合はさらに難しい。「最高を目指す競争」という考え方が厄介なのは、まさにここに原因がある。これは明示的なモデルではなく、無意識の考え方なのだ。競争とはそういうものだと、あたりまえのように思われている。だがポーターは、これをあたりまえと考えてはいけないという。たいていの事業には、「最高」なるものは存在しない。ちょっと考えてほしい。最高の自動車などあるだろうか？　最高のハンバーガーは？　最高の携帯電話はどうだろう？

たいていの事業には、「最高」なるものは存在しない。

一例として、空港の待合エリアの座席という、ごく一般的な製品について考えてみよう。こんな製品なら「最高のもの」がありそうだ。機能的で耐久性の高い、標準化された座席だ。しかしそんなことはない。空港によってニーズが異なるのだ。たとえば搭乗待ちの乗客に買い物をさせたい空港もある。この場合、居心地のよすぎる座席は不都合だ。待合エリアのレイアウト変更が可能な、自由度の高い座席を求める空港もある。長い固定シートが何列も並ぶようなデザインでは用をなさない。予算にうるさい空港が多い一方で、金に糸目をつけない空港もある。たとえば中東の空港は、贅沢なデザインの設備をふんだんに購入している。また難民の強制送還に追われる空港では、手荒な扱いにも耐える座席が喜ばれる。ロンドンに本社を置く座席メーカーのOMKは、「刑務所での使用に適した」座席を製造している。突き刺してもナイフの跡が残らない、自己接着性《セルフシール》のポリウレタンを使った、業界最高水準の耐久性を備えた座席だ。こんなところで、「最高の」空港の座席が存在しないことがおわかりいただけただろうか。

　今度は経済を構成するすべての業界を考えてみよう。このうちいくつの業界で、「最高を目指す」ことが意味をなすだろうか？　ほとんどの業界が、異なるニーズをもつ、実に多様な顧客を抱えている。ある顧客が最高と考えるホテルも、別の顧客にとっては最高でない。ある顧客にとって最高のカスタマーサービスが、ほかの人にとって最高とは限らない。最高の美術館なるものはないし、環境保全を促進する唯一最善の方法もない。

　それに生産や物流、マーケティングといった機能を実行する方法についても、これといった最善の方法はない。非営利組織の場合も、資金集めやボランティア募集を行なう最善の方法はない。何をもって最高とするかは、何を目標とするかによって異なる。そんなわけで、最高を目指す競争の第一の問題点は、組織が最高を目指すことで自らに不可能な目標を課してしまうことだ。

それだけではない。すべての競合企業が「唯一最善の」方法で競争すれば、衝突コースをまっしぐらに進むことになる。業界内の全員が同じ助言に耳を傾け、同じ指示に従う。企業は互いの慣行や製品を参考にする（コラム「『一歩上手を行く』のは戦略ではない」を参照のこと）。

このようにして最高を目指す競争は、誰も勝てない破壊的なゼロサム競争と化す。製品・サービスの同質化が進み、誰かの利益はほかの誰かの損失になる。これが「ゼロサム」の本質だ。勝利は誰かの敗北によってのみ成り立つ。

すべての競合企業が「唯一最善の」方法で競争すれば、衝突コースをまっしぐらに進むことになる。

航空業界を何十年もの間苦しめてきたのが、まさにこの種の競争である。アメリカン航空がニューヨーク‐マイアミ路線で無料の機内食を提供して新規顧客の獲得をねらえば、デルタ航空は対抗策を打ち出さざるを得なくなり、結局両社とも前よりかえって悪い状態に陥る。両社ともコストが余分にかかるだけで、値上げできるわけでも、より多くの座席を埋められるわけでもない。一社が行動を起こすたび、競合企業はすばやく対抗する。すべての企業が同じ顧客を追いかける以上、何を売るにしても必ず戦いが生じる。

ポーターはこれを**競争の収斂**《しゅうれん》と呼ぶ。企業ごとの違いが一つ、また一つと失われ、やがてどの企業も見分けがつかなくなる。顧客の判断基準は、価格だけになる。これが航空会社や、家電事業の多くの分野、そしてPC業界に起きていることだ。注目すべき例外はアップルで、この業界の大手企業としては唯一、一貫して独自路線を歩んでいる。

このように企業が必然的に価格競争に陥る様子は、ビジネス版の相互確証破壊（MAD）にもなぞらえられる。それに、不利益を被るのは当の企業だけではない。企業が経営資源を使い果たし、コスト削減を余儀なくされれば、顧客やサプライヤー、従業員までもが巻き添えを食う。万策尽き果て、価格圧力が業界の収益性を破壊するときには、合併を通じて競争を制限することで、事態を打開できる場合が多い。吸収や合併により競合企業の数を減らし、市場を一社ないし数社で支配するのだ。

column

「一歩上手を行く」のは戦略ではない

ホテル業界のいわゆる「ベッド戦争」は、一九九九年に火蓋が切られた。ウェスティン・ホテルズ・アンド・リゾーツはマットレス、枕、ベッドリネンを一年がかりで吟味し、数千万ドルを投資したすえ、この年に業界初のブランドつきベッドである、独自開発のヘブンリー《天国のような》・ベッドを導入した。「競合ホテルとの差別化を図ろうとしたのです」とウェスティンの幹部は語っている。

はたして予想通り、競合ホテルは直ちに対抗して、枕をますます高く積み上げ、ますます緻密な織りのシーツで宿泊客をくるんだ。ヒルトンはセレニティー《静寂》・ベッド、マリオットはリバイブ《元気回復》・コレクション、ハイアットはハイアット・グラント・ベッド、ラディソンはスリープ・ナンバー・ベッド、クラウンプラザはスリープ・アドバンテージ・プログラムでそれぞれ追随した。

二〇〇六年になると、マスコミはベッド戦争の終結を宣言した。だがこのときまでに大手ホテルはどこも自社ブランド商品の開発、導入、販促に莫大な金額を投じていた。いまではこの等級のホテルのどれに泊まっても、「ベッドの品質」に差がないことは保証される。例によって例のごとく、ここでも「最高」を目指す一社の試みが、すべての企業のハードルを上げてしまった。この競争方針をとる以上、ホテル業界の長期的な収益性が慢性的に低迷しているのも当然といえる。このテーマは第2章でくわしくとりあげる。

このケースでは、業界は寝具の品質を高める投資から利益をあげられるほど、宿泊料金を値上げできたのだろうか？　報道はまちまちである。もしノーなら、顧客がこの投資によって生まれた価値を獲得したことになる。だがたとえこのとりくみが全体として業界に利益をもたらしたとしても、すべての企業が同じ次元で競争する場合には、どの企業も競争優位を得ることはできないのだ。

column

一位か二位になれ

「業界一位か二位になれない事業からは撤退する」――この最後通牒は、ＧＥの元ＣＥＯジャック・ウェルチが掲げたことで知られるが、最高を目指す競争の、おそらく最も大きな影響をおよぼした一形態に過ぎない。これは「勝者独り勝ち《ウィナー・テイクス・オール》」とも呼ばれる考え方で、企業は規模を拡大し、最終的に業界を独占することでこそ勝者になるとされる。もし規模が競争の勝敗をきめるのなら、市場シェアと売上を伸ばすために成長が欠かせない。企業は規模と範囲の経済性こそが競争優位と収益力をもたらすという思いこみから、ますます拡大を図ろうとする。

もちろんこの考え方にも一抹の真実はあり、そこにこそ危険性が潜んでいる。たいていの事業には規模の経済がはたらき、大きくなることにはメリットがある。この好例が、ウェルチ時代のＧＥの規模集約的な事業だ。だが大きいことはよいことだと思いこむのはまだ早い。まずはあなたの会社の事業を分析してみよう。成長するという目標は、事業の経済性を無視して、ただ聞こえがよいからという理由で選ばれることが多い。規模の経済性は無限に続くのではなく、生産量が業界全体の売上高の比較的小さな割合に達すると、単位あたり生産コストは下がらなくなるとポーターはいう。業界の最大手企業が最も高い収益性を実現している、または最も成功しているという体系的な証拠は示されていない。

よくあげられる例として、ゼネラルモーターズ（ＧＭ）は何十年もの間世界最大の自動車メーカーだったが、それでも破産を免れなかった。規模に少しでも意味があるなら、ＧＭは大きすぎて成功できなかったという方が正確だろう。これに対し、業界基準からすれば小さな部類に入るＢＭＷは、昔から卓越した収益を維持している。同社の過去一〇年間（二〇〇〇年から二〇〇九年まで）の平均投下資本利益率（平均ＲＯＩＣ）は、業界平均の実に一・五倍だった。

企業は「十分な規模」があればそれでよく、市場を支配する必要はまずない。「十分な規模」とは、市場全体の一〇％ほどに過ぎないことが多い。それでも勝者独り勝ちの考えにとりつかれた企業は、ありもしない規模の優位を追求する。シェア獲得のために値下げ競争を行ない、あらゆる市場セグメントに対応するために手を広げすぎ、割高な買収や合併に走り、結局は自らの首を絞めている。過去二〇年間の自動車業界にはこれらの兆候がすべて見られ、業界の収益性は大きく損なわれた。

勝者独り勝ちのモデルは、業界のスケールカーブ*は一つだけで、すべての企業がこの曲線に沿って右下に動くべきだという、誤った前提に基づいている。つまり、業界内のあらゆる企業があらゆる人にとって最高の製品やサービスを提供するために競争するという前提だ。しかし現実にはほとんどの業界に、対応するニーズによって異なる複数のスケールカーブが見られる。

*スケールカーブとは、単位あたりの生産コストを総生産量の関数で表したグラフである。右下がりの曲線は、生産量が最も多い企業の単位あたりコストが最も低いことを示している。

しかし「最高のもの」は顧客のためになるのではないのか？

従来の経済理論で「完全競争」と呼ばれる状態では、同等の製品を販売する互角の競合企業がしのぎを削ることで、価格（と利益）が下がっていく。これが最高を目指す競争の本質だと、ポーターはいう。従来の経済理論では、完全競争は社会に最も効率的に資源を配分するしくみとされる。経済学の入門講座では、顧客にとってよいこと（価格の低下）は企業にとって悪いこと（利益の低下）であり、逆も同じと教えられる。

だがポーターは、企業が最高を目指して競争するときに起きるのは、もっとも微妙で複雑なことだという。競合企業が互いの製品を模倣し合えば、顧客は価格の低下というメリットと引き換えに、選択肢の減少という代償を強いられるかもしれない。業界が標準的な製品・サービスに向かって同質化すれば、「平均的」な顧客は恩恵にあずかるだろう。だが平均とは、要求の多い顧客と少ない顧客の中間をとったものだということを忘れてはならない。つまりどちらの集団にも、平均的な製品・サービスではニーズを十分に満たせない顧客がいるのだ。

顧客のなかには、業界によって必要以上にニーズを満たされている顧客がいる。要するに、必要でもない機能に余計なお金を払わされているということだ。こう書きながら、私はいま使っているワープロソフトのことを考えずにはいられない。それに、キッチンにあるほとんどの道具もそうだ。これらの製品は、私のニーズが求める以上に複雑で多機能になってしまった。私はプロの物書きで、料理の腕も玄人はだしなのにだ。製品は複雑になるとともに、修理代が高くつく故障を起こしやすくなった。

その一方では、ニーズをないがしろにされた顧客もいる。最近飛行機に乗ったときのことを思い出してほしい。行きたい場所に行くという基本的なニーズは満たされたとしても、快適な経験だったろうか？　また空の旅をしたいと思うだろうか？

選択肢が限られるとき、価値が破壊されることが多い。このとき顧客はほしくもない余計なものに金を払わされているか、本当に必要なものではないのに、企業が提供するもので仕方なく間に合わせているかのどちらかだ。

企業にとっても、状況は似たり寄ったりだ。すべての企業が同じ場所を目指して突き進む状況では、トップの座を長く守るのは難しい。競争優位は続かない。どんなに頑張っても、品質やコストの改善が収益性の向上によって報われることはない。それどころか慢性的な収益性の低迷が将来への投資を阻害し、顧客価値を高めたりライバルをかわしたりすることがますます難しくなる。

このように実際問題として、企業間の直接競争は顧客にとっても、そのニーズを満たそうとする企業自身にとっても、「完全」な競争であることはまずない。しかしポーターは、経営者がこの種のゼロサム競争にますますとらわれていると警鐘を鳴らす。

独自性を目指す競争

ポーターのいう戦略的競争とは、他社と異なる道筋を選ぶことをいう。企業は最高を目指して競争する代わりに、**独自性を目指して競争する**ことができるし、そうすべきである。この競争では価値がすべてだ。生み出す価値の独自性と、それを生み出す方法がものをいう。

一例として、二〇〇八年以前にマドリッドからバルセロナに行くには、短距離のフライトを利用するか、一日がかりで車を運転していくか、鈍行列車に乗るしかなかった。当時マドリッド・バルセロナ間を移動する六〇〇万人の旅客のうち、九割近くがフライトを選んでいた。二〇〇八年に、高速鉄道サービスという新しい選択肢が加わった。いまや列車の方が格安航空会社より高い料金をとるにもかかわらず、この路線ではフライトから列車への劇的なシフトが生じている。

戦略的競争とは、他社と異なる道筋を選ぶことをいう。

マドリッドからバルセロナへは飛行機でも列車でも行けるが、列車は飛行機とは異なる価値を提供する。ＡＶＥ（スペイン高速鉄道）なら、パソコン用コンセントつきのリクライニング・シートの指定席に、食事や娯楽サービスまでついて、しかも市内から市内へ直接移動できる。手荷物検査、機内持ちこみ手荷物の制限、避けがたい遅延といった、いまどきの空の旅の煩わしさともおさらばできる。環境意識の高い人に、ＡＶＥはもう一つメリットを提供する。飛行機やドライブに比べて、二酸化炭素排出量が格段に少ないのだ。こうした差異の集まり、すなわち独自性こそが、競争優位の真髄である。このテーマについては、のちの章でくわしく見ていく。スペインの航空会社の経営陣は、ほかの航空会社を競争相手に定めているかもしれない。だが飛行機から鞍替えする顧客は、もちろんそんなふうには考えない。そして価値を最終的に定義するのは、ほかでもない顧客なのだ。

独自性を目指す競争は、異なる考え方と、競争の本質に関する異なる見方を反映している。この方法で競争する企業は、多様なニーズや顧客に対応するために、それぞれ特徴ある方法で競争する。いいかえれば、ライバル企業を完璧に模倣することではなく、自らが選んだ顧客のために一層大きな価値を生み出すことに焦点を置いている。顧客には多くの選択肢が開かれるため、価格は競争の一変数でしかなくなる。バンガードやイケアといった企業は、低価格をウリにした戦略をとる。ＢＭＷ、アップル、フォーシーズンズホテルのように、ほかでは得られない機能やサービス水準を提供することで、プレミアム価格を要求する企業もある。顧客が支払ってもよいと思う金額は、提供された価値を大きいと感じるか、小さいと感じるかによって変わる。

独自性を目指す競争が戦争と違うのは、ある一社が勝つために競合他社が負ける必要がない点だ。またどんな企業も自分なりの「土俵」を考案できるという点で、スポーツの競技とも違っている。戦争やスポーツよりうまいたとえがあるとすれば、舞台芸術だろうか。優れた歌手や俳優は大勢いる。一人ひとりが独自の方法で注目を集め、成功している。それぞれが観客を獲得し、新しい顧客を生み出す。優れたパフォーマーが増えれば増えるほど、観客層は厚みを増し、芸術は栄える。この種の価値創造が、プラスサム競争の本質なのだ。

ゼロサム競争は底辺に向かう競争と呼ばれてしかるべきだが、プラスサム競争はよりよい結果をもたらす。もちろんすべての企業が成功するということではなく、落伍者は当然競争でふるい落とされる。だがよい仕事をする企業は、より多くの価値を創造することで、持続可能なリターンを確保できる。非営利組織はより効果的、効率的にニーズを満たすことで、社会によりよく貢献できる。顧客はニーズを満たす方法を、本当の意味で選択できるようになる。最高を目指して競争する企業は、模倣を通して成長する。独自性を目指して競争する企業は、イノベーションを糧にして繁栄する。

競争《コンペティション》は単数名詞だ。しかしポーターは、最高を目指す競争を一方の極に、独自性を目指す競争を他方の極として、業界の数と同じくらい多くの競争形態があることを教えてくれる。人気を博したビジネス書『ブルー・オーシャン戦略――競争のない世界を創造する』（*Blue Ocean Strategy*, 2005）〔W・チャン・キム、レネ・モボルニュ著、有賀裕子訳、武田ランダムハウスジャパン、二〇〇五年〕は、血で血を洗うような直接競争と、競争のない澄み渡った青い海を区別して、前者を「レッド・オーシャン」、後者を「ブルー・オーシャン」にたとえる。著者たちは、ブルー・オーシャンでは競争自体が無意味になるという。これは二重の意味で誤っているため、ここではっきりさせておきたい。第一に、この本にはポーターがさも血に染まった「レッド・オーシャン戦略」の提唱者であるかのように書かれているが、これは誤りだ。ポーターの研究が実際に主張するのは、この正反対のことだ。第二に、競争をきちんと理解すれば、それが無意味になることはあり得ないとわかる。ほとんどの業界はポーターの説明する二つの極の中間にあり、程度の差こそあれ、両方の要素を併せもっている。フレームワークは重要なパターンを見つけやすくするためのものであって、現実の実践はつねにそれより複雑だ。

だがポーターがこのように二つの根本的に異なる競争方法を区別したこと（**図1・1**を参照）は、経営者に重要な点を提起する。業界がゼロサム競争に向かうか、プラスサム競争に向かうかは、運命づけられているわけでも、あらかじめ決められているわけでもない。ハイテク業界であれ、サービス業、製造業であれ、業界にもともと備わった何かが、その運命を決定するようなことはない。業界がどの道を歩むかは、経営者たちが競争方法について下す選択――戦略的選択――の結果でしかないのだ。まずい選択は底辺への競争をあおり、賢明な選択は健全な競争とイノベーション、そして成長を促す。

独自性を目指す競争が、人間の営みのほとんどの分野で状況を改善できることを、ポーターの研究は教えてくれる。ただしそのためには、経営者が自らの選択した競争方法が業界全体の競争方法に影響をおよぼすことを自覚しなくてはならない。これはきわめて大きな意味をもつ選択なのだ。

経営者の仕事の複雑さを考えれば、すべてを単純化したい、たった一つの成功の秘訣が知りたいと思う気もちもわかる。いわば経営思想のファストフードだ。しかし勝つ方法は一つだけという教えを鵜呑みにしてはいけない。ポーターの考えはこうだ。もし競争に勝つ唯一最善の方法があるなら、ほとんどの企業がそれをとり入れようとするだろう。このような競争は、よ

図1-1　競争に対する正しい考え方

最高を目指す競争	独自性を目指す競争
一位になる	収益を高める
市場シェア重視	利益重視
「最高の」製品によって 「最高の」顧客に対応する	ターゲット顧客の 多様なニーズを満たす
模倣による競争	イノベーションによる競争
ゼロサム競争：誰も勝てない競争	プラスサム競争： 複数の勝者、多くの「土俵」

くても膠着状態、悪くすれば相互破壊に終わる。だが現実の競争には数多くの次元があり、戦略とは一つだけでなくさまざまな次元での選択に関わることだ。このような選択をしなさいという一つの助言が、あらゆる業界のあらゆる企業にあてはまるはずがない。

だが幸いなことに、だからといって戦略は何でもありだということにはならない。どんな競争状況であっても、それを分析し、有効な選択を見きわめるのに役立つ、基本的な原理がある。このような普遍的な経済原理を、これからの二つの章で卓越した業績の源泉について掘り下げる際に説明する。

なぜ一部の企業はほかより収益性が高いのだろう？　これが、次の章で扱う大きな問題だ。これに対する答えは、二つの部分に分けられる。第一に、企業は業界構造によって恩恵を受けることも、痛手を受けることもある。第二に、企業が業界内で占める相対的なポジショニングは、企業間の違いをもたらすさらに大きな要因である。第2章と第3章で、この論理のそれぞれの部分をたどろう。業界構造が競争において果たす役割を理解することが、次章のテーマである。

第2章 五つの競争要因

——利益をめぐる競争

前の章では、「最高を目指す」ことが勝利の秘訣だという、競争について最も広く信じられている誤解について考えた。本章ではもう一つの大きな誤解をとりあげる。一般に競争といえば、競合企業間の直接対決と考えられている。これが辞書に載っている標準的な定義だ。たとえばアップルはｉＰｈｏｎｅを売りたい。リサーチ・イン・モーションはブラックベリーを売ろうとする。競合する二社は、スマートフォンの顧客獲得をめぐって対決する。同様に、ヤマハはピアノを売るためにスタインウェイと競争する。ＢＭＷとアウディは自動車の販売、ハイアットとウェスティンは宿泊客の獲得をめぐって競い合う。

だがこのような考え方は、競争を狭くとらえすぎている。競争の主眼はライバルを負かすことにあるのではない。売上を奪うことがねらいではない。肝心なのは、利益をあげることだ。利益をめぐる競争はもっと複雑なものだ。競合企業以外にもさまざまな当事者が、業界内で生み出される価値の分配をめぐって競争する。たしかに企業は利益をめぐって競合他社と争う。

だが同時に、できるだけ少ない出費でできるだけ多くを得たいと考える顧客とも競い合う。サプライヤーも、できるだけ少ないものに対して、できるだけ多くの見返りを得ようとするため、競争の対象になる。場合によっては自社製品の代替品として使えそうな製品のメーカーとも競争する。また既存の競合企業だけでなく、今後参入するかもしれない企業とも競い合う。新規参入の脅威があるだけで、顧客に要求できる価格の上値が抑えられるからだ。

競争の主眼はライバルを負かすことにあるのではない。肝心なのは利益をあげることだ。

これらの**五つの競争要因**《ファイブフォース》——既存の競合企業同士の競争、買い手（業界にとっての顧客）の交渉力、サプライヤーの交渉力、代替品の脅威、新規参入者の脅威——が業界の構造を決定する。**業界構造**という重要なこの概念は、小難しく聞こえるかもしれないが、そんなことはまったくない（**図2-1**）。たとえばビルや住宅、教会、倉庫などの建物なら、構造さえわかれば、それがどのように使われ、どのように「機能」し、どのように空間を囲って雨風をしのいでいるかといったことについて、重要な情報が得られる。建物の構造は、土台、壁、屋根といった、あらゆる建物に共通する要素によってきまる。これと同じで、業界の構造を調べれば、業界そのものに関する重要な手がかりが得られるのだ。ポーターの五つの競争要因を分析することで、

業界がどのように「機能」し、どのようにして価値を創造、共有しているかがわかる。これら五つの要因が、業界の収益性を決定する。

業界構造と収益性の因果関係に関するポーターの研究成果は、よくある誤解に異を唱える。実際ポーターは、次のことを明らかにしている。

◎第一に、**業界は表面的には異なるように見えても、一皮むけばどの業界にも同じ力が作用している**。広告業からジッパー製造に至るあらゆる業界に、相対的な影響の大きさと重要度こそ違え、同じ五つの競争要因がはたらいている。

◎第二に、**業界の収益性を決定するのは、その構造である**。多くの人が考えるように、業界が低成長か高成長か、ローテクかハイテクか、規制が厳しいか緩いか、製造業かサービス業かといった要素が収益性を左右するのではない。業界構造は、こうした思いつくままあげられた分類に勝る。

◎第三に、**業界構造は驚くほど硬直的である**。一般にビジネス環境はめまぐるしく変化していると思われがちだが、ポーターは業界構造が――まだ構造が存在しない草創期を過ぎた後は――かなり安定していることを発見した。新製品は次々と現れては消えていく。技術の移り変わりも激しい。ものごとは絶えず変化する。だが業界の構造――と平均収益性―

図 2-1　業界構造：五つの競争要因

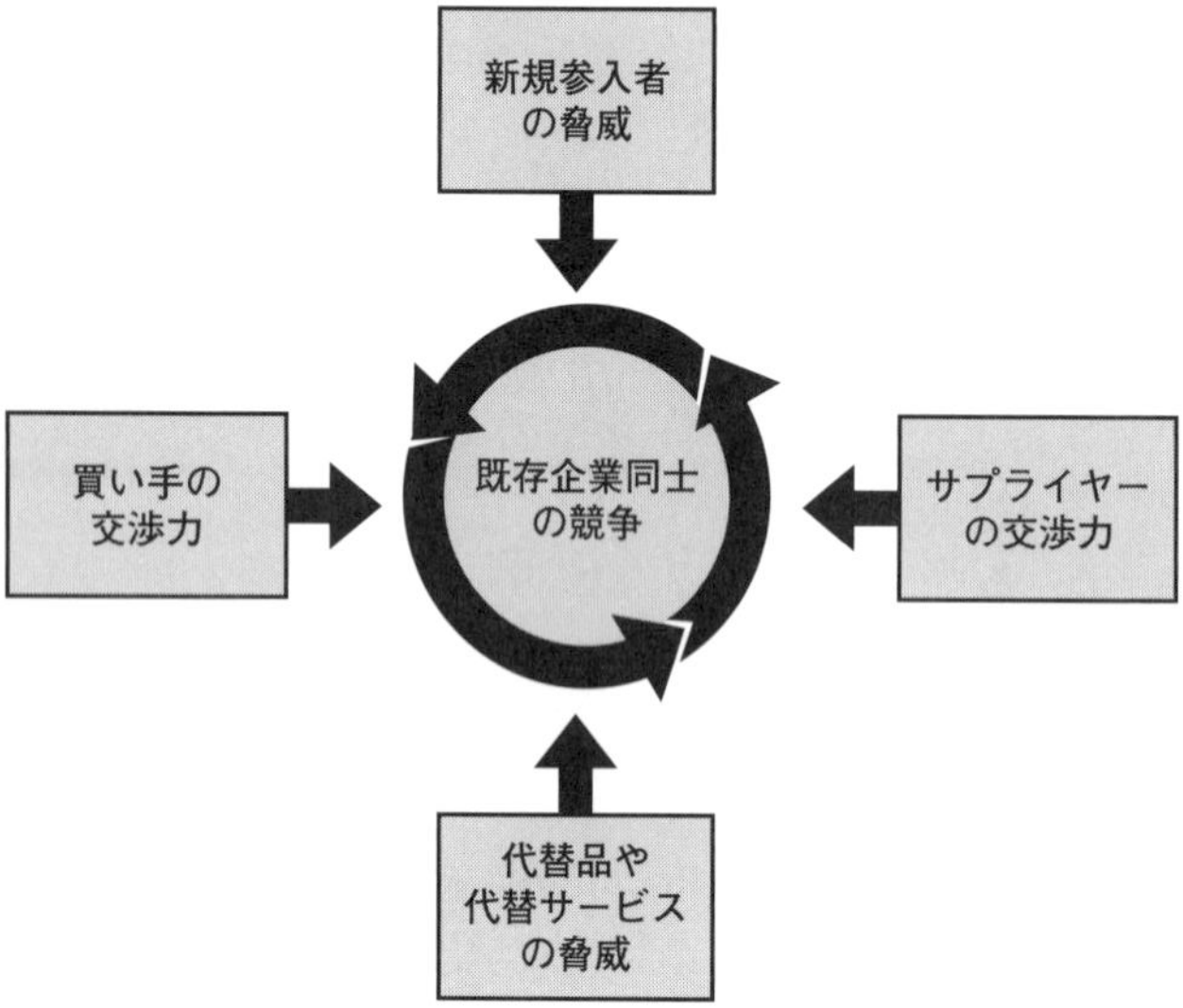

出所: Michael E. Porter, "The Five Competitive Forces That Shape Strategy," *Harvard Business Review*, January 2008, 78-93. Copyright©2008 by Harvard Business Publishing.
〔邦訳は『ダイヤモンド・ハーバード・ビジネス・レビュー』2011年6月号所収の「[改訂]競争の戦略」〕。

――に変化が起こるには、長い時間がかかることが多い。

業界構造：より強力なツール

どんな組織においても、戦略を評価し構築する際には、五つの競争要因のフレームワークが出発点となる。戦略は、競争にさらされた組織が卓越した業績を実現する方法を示すものだと、前の章で説明した。これに対して五つの競争要因のフレームワークは、企業が直面する競争に焦点をあて、卓越した業績の基準を与えてくれる。つまり業界の平均的な価格とコスト、そして自社が超えるべき平均収益性を明らかにする。自社の（現在と過去の）業績を理解するには、まず業界の基本的な経済性を押さえておかなくてはならない。

五つの競争要因のフレームワークは、企業が直面する競争に焦点をあて、卓越した業績の基準を与えてくれる。

五つの競争要因は、業界で何が起きているのかという、肝心かなめの問題に答えてくれる。業界で起きているさまざまなことのうち、競争にとって重要なものはどれだろう？　注意を払うべきものはどれだろう？　ポーター登場以前は、環境分析の枠組といえばＳＷＯＴ分析

が主流だった。SWOTとはStrengths（強み）、Weaknesses（弱み）、Opportunities（機会）、Threats（脅威）の頭文字を並べたものだ。この手法は、企業をその環境と関連づけるというねらいはよかったのだが、ツールとしての効果は薄かった。実際にやってみた人ならわかると思うが、SWOT分析には一貫した経済原理の裏づけがないため、四つの見出しのもとに思いつくまま項目をあげるだけで終わってしまう。だれが議論に参加したか、その朝どんな問題が頭に浮かんだかで、内容はランダムに変わる。

SWOT分析はいまも一部では使われているが、経営者の昔からの信条を肯定する方向にバイアスがかかっている（私の経験からいうと、かかりすぎている）。こうした信条には、正当な経済学に裏打ちされたものもあれば、経営幹部の個人的な思惑もある（たとえば「機会」に大規模な買収があげられたのは、幹部がかつての勤務先への報復をもくろんでいるからかもしれないし、年度末の莫大なボーナスを期待してのことかもしれない。この種のバイアスは実際よくある話なのだ）。

これに対して業界構造は、競争の力学を理解するための、きわめて強力かつ客観的なツールだ。体系的な分析なので、重要なことを見落とすおそれが少ない。事実と分析に（本来的には）立脚しており、ただの箇条書きの羅列ではない。そのため昔の課題の焼き直しになりにくく、新しい発見をもたらすことが多いのだ。この分析は、競争の経済原理を明らかにすることで、外部の要因がいかにして自社の競争機会を阻み、あるいは生み出すかを浮き彫りにする。

五つの競争要因を評価する

五つの競争要因のそれぞれが、明快で直接的、かつ予測可能なかたちで、業界の収益性と結びついている。原則として、競争要因の影響が強ければ強いほど、価格やコストに対する圧力が高まり、既存企業にとって業界の魅力度は薄れる（注意してほしいのだが、このフレームワークではつねに業界の既存企業の観点から構造分析を行なう。潜在的参入者はまず参入障壁を乗り越える必要がある。このことは、既存企業にとって「魅力的」なのに新規参入者を引きつけない業界がなぜあるのか、その理由を説明する）。

column

基本となる利益方程式：利益＝価格－コスト

ビジネスにおける競争の本質は、利益をめぐる競争であり、業界が生み出す価値の分配をめぐる駆け引きである。競争は複雑で多面的なものだが、収益性の計算は単純だ。ポーターは、最終目標である利益と、それを構成する二つの要素である価格とコストに集中せよと教える。つまり：

競争要因	影響	理由
新規参入者の脅威 ⇧	収益性 ⇩	価格 ⇩　コスト ⇧
サプライヤーの交渉力 ⇧	収益性 ⇩	コスト ⇧
買い手の交渉力 ⇧	収益性 ⇩	価格 ⇩　コスト ⇧
代替品 ⇧	収益性 ⇩	価格 ⇩　コスト ⇧
既存企業同士の競争 ⇧	収益性 ⇩	価格 ⇩　コスト ⇧

単位あたり利益＝価格－コスト

この場合のコストには、競争のために用いられるすべての経営資源が含まれる（資本コストを含む）。つまり企業が価値創造のために用いるすべての資源だ。価格は、顧客が業界の製品・サービスをどのように評価するか、また代替品と比較検討した結果、それにいくらの金額を支払う意思があるかを反映している。

業界が顧客のために十分な価値を創造しなければ、コストをかろうじて賄う程度の価格しか要求できない。逆に業界が大きな価値を生み出している場合には、その価値がどのように分配されるかを理解するうえで、構造がとても重要となる。業界が顧客やサプライヤーのために大きな価値を生み出しながら、その労力に対してほとんど見返りを得ないことはあり得るし、実際によくあることだ。五つの競争要因の相対的な影響の大きさと、独自の組み合わせが、業界の潜在的収益性を決定する。なぜなら競争要因は、業界の価格とコストに直接影響をおよぼすからだ。それぞれの競争要因が価格とコストに与える影響は前頁の表の通り。

本章ではまずそれぞれの競争要因を説明し、続いてその影響の大きさを評価する方法を示す。その際多くの事例をとりあげるが、それには二つのねらいがある。競争要因をわかりやすく説明するとともに、実在の企業が業界の重要な競争要因にどのように対応したかを実感してもらいたいのだ。私はよく「企業はこのフレームワークを実際にどのように使っているのか」という質問を受ける。成功している企業は当然ながら、業界の最も重要な競争要因に対して有利なポジションを築いている。だがここで強調したいのだが、ポーターの手法を用いると、業界の構造についてしっかり考えるようになり、その結果ものごとを理解しやすくなるのだ。これを出発点としよう。そうすれば次は自社と競合他社が業界内に占めるポジションに焦点を合わせることができる。

買い手

強力な買い手（業界にとっての顧客）は、影響力を使って値下げ圧力をかけてくる。製品・サービスの向上を求めることもある。いずれにせよ、顧客の価値のとり分が増えるため、業界の収益性は低下する。

強力な買い手は値下げ圧力をかけたり、製品・サービスの向上を求めたりすることで、価値のとり分を増やす。

たとえばセメント業界について考えてみよう。アメリカでは大手の強力な建設会社が、セメント業界の売上の大部分を占めている。建設会社は影響力を行使して値下げを要求し、業界の収益性を圧迫している。国境の向こう側のメキシコでは、セメント業界の売上の八五％を多数の小規模な顧客が占める。こうした数千、数万の「アリ」のニーズを満たしているのは、一握りの大手メーカーだ。この小規模なモザイクのような買い手と少数の大規模な売り手という、交渉力における不均衡が、メキシコのセメント業界の構造を特徴づける要因だ。市場支配力をもつメーカーは割高な価格を要求し、高い収益をあげている。

そんなわけで、アメリカでもメキシコでも大手セメント生産者であるセメックスは、当然ながら本国メキシコでの方が高いリターンをあげている。だがそれは本国市場でより多くの価値を生み出しているからではない。セメックスは実質的に二つの異なる業界で競争しているのだ

（本章後半のコラム「業界分析の典型的な手順」で、業界の境界を正しく定義することが、戦略上いかに重要であるかを説明する）。

買い手の力を評価するにあたっては、製品の流通チャネルが、エンドユーザーに劣らず重要な場合がある。特にチャネルがエンドユーザーの購買意思決定に影響をおよぼす場合だ。たとえば投資顧問会社は顧客に絶大な影響力をもち、その力に見合う高い利ざやを確保している。またホームデポやロウズなどの強力な小売業者が出現したことで、住宅改修用品のメーカーが大きな圧力にさらされている。

同じ業界内でも、交渉力や価格感度が異なる複数の買い手セグメントが存在する場合がある。価格感度が高い買い手は、交渉力を行使してくる可能性が高い。買い手（法人、個人にかかわらず）の価格感度は、業界の製品が次のような場合に高くなる傾向にある。

◎差別化されていない
◎買い手のほかのコストや予算と比較して、相対的に高価である
◎買い手の製品・サービスの質に影響をおよぼさない

これら三つの条件がどれもあてはまらない例をあげると、大手映画製作会社は製作用機材を購入またはレンタルする際、価格をあまり気にしない。たとえば撮影用カメラは高度に差別化

された機材だ。価格は製作にかかるほかのコストに比べれば低く、しかも機材の性能が映画の成否に大きく影響する。こうした場合、価格よりも品質が優先される。

サプライヤー

強力なサプライヤーは、交渉力を行使して他社より高い価格を請求したり、有利な条件を要求してくる。いずれにせよ、サプライヤーの価値のとり分が増えるため、業界の収益性は低下する。PCメーカーは、マイクロソフトとインテルの市場支配力に長年苦しめられてきた。インテルの場合、「インテル入ってる」キャンペーンにより、本来汎用品であるはずの部品をブランド化することに成功した。

強力なサプライヤーは、他社より高い価格を請求したり、有利な条件を要求したりすることで、業界の収益性を引き下げる。

サプライヤーの力を分析する際には、製品・サービスに投入するために購入したすべてのインプット（投入物）をもれなく検討しなくてはならない。これには労働力（自社の従業員）も含まれる。強力な労働組合の交渉力は、長年航空業界の足かせになってきた。たとえばかつては「搬入搬出」に関する就業規則によって、発着する飛行機に空港のゲートから手を振って合図をするのは、賃金の低い手荷物係やほかの地上勤務員でもできるのに、特別の訓練を受けた整備士だけときめられていた。修理は主に夜間に行なわれるが、この規則のせいで整備士は二四時間体制でシフトを組み、航空会社は保守・修理に必要な数を大幅に上回る整備士を雇わざるを得なかった。いままでは廃止されたこの規則は、高賃金の整備士にとっては事実上の雇用創出プログラムであり、航空会社にとっては利益流出の一因だった。

サプライヤーと買い手の力はどのようにして評価すればよいだろうか？　どちらも考えるべき問題は同じなので、一つのリストにまとめた。サプライヤーや買い手の力が大きくなるのは、次のような場合だ。

◎業界の企業が乱立しているのに対し、サプライヤー／買い手が大規模で集中している場合（多数のダビデが一人のゴリアテと対決している状態）。このサプライヤー／買い手が業界全体の購入額／売上に占める割合はどれだけだろう？　データから傾向を読みとろう。このサプライヤー／顧客を失えば、業界はどれほどの損失を被るだろうか？　固定費の高い業界（通信機器、海洋掘削など）は、大口顧客に対して特に立場が弱い。

◎業界がサプライヤー／買い手を必要とする度合いが、必要とされる度合いよりも高い場合。代わりのサプライヤーが（少なくとも短期的に）いない場合もある。たとえば医師やパイロットは昔から圧倒的な交渉力を行使してきたが、それはどちらのスキルも代わりがきかず、かつ供給が不足しているからだ。レアアースのネオジムは、世界生産の九割を占める中国が輸出規制をかけたせいで、たった一年間（二〇一〇年）のうちに価格が四倍に跳ね上がった。トヨタはレアアースへの依存を軽減するために、新型モーターの開発に余念がない。

◎**スイッチングコスト**がサプライヤー／買い手に有利にはたらく場合。これが起きるのは、業界がサプライヤーに牛耳られているときだ。一例としてPC業界は、オペレーティング・システム（OS）とソフトウェアの主要サプライヤーであるマイクロソフトに牛耳られている。またスイッチングコストが買い手に有利にはたらくのは、買い手が容易に業者を変更できるときだ。一般的な航空路線では、顧客が容易に航空会社を変更できるため、航空会社は値上げやサービスの縮小になかなか踏みきれない。マイレージサービスはスイッチングコストを引き上げることをねらって導入されたが、効果はあがっていない。

◎差別化がサプライヤー／買い手の有利にはたらく場合。買い手は業界の製品がほとんど差別化されていないと感じれば、業者を競わせることができる。PCそのものの汎用品化が進むなか、買い手の力は増している。その一方で、PC業界のサプライヤー（マイクロソフトとインテル）は高度に差別化されている。PCメーカーは強力なサプライヤーと強力な買い手の板挟みに苦しんでいる。

◎買い手／サプライヤーが製造機能を垂直統合して、業界の製品を内製する可能性が実際にある場合。ビールやソフトドリンクのメーカーはこの戦術を使って、飲料容器の価格を抑えてきた。

代替品

代替品、つまり業界の製品と同じ基本的ニーズを異なる方法で満たす製品・サービスは、業界の収益性に上限をつくる。確定申告書類作成ソフトは、税務申告書作成代理業者のH&Rブロックの代替品だ。代替品は、既存企業が売上を減らさずに設定できる価格に天井をつくる。OPEC（石油輸出国機構）は何十年にもわたって石油価格を注意深く管理し、代替エネルギーへの投資意欲を阻むことで、代替エネルギー開発を牽制してきた。環境保護主義者がガソリン税の増税を歓迎するのは、そのためだ。

代替品、つまり業界の製品と同じ基本的ニーズを異なる方法で満たす製品・サービスは、業界の収益性に上限をつくる。

代替品は直接の競合品でないからこそ、予想外の場所から現れる。このため予測が難しく、現れても気づかないことさえある。代替品は少し離れた場所からやってくるとき、特に厄介な脅威になる。たとえば電気自動車は今後二、三〇年のうちに内燃機関をもつ自動車を大方代替してしまうかもしれない（しないかもしれない）。そうなればカスケード効果が生じ、ほかの多くの部品も代替されるだろう。一例として、電気自動車はバッテリーを搭載することで重量がかさむため、ＢＭＷは車体に使うスチールの軽量な代替品として、カーボンファイバーの使用を検討している。トランスミッションや排気システムの製造・補修企業は、二一世紀の馬鞭メーカー〔時代遅れの象徴〕になるかもしれない。

代替品の脅威はどのようにして評価すればよいか？　経済性に注目し、特に代替品が業界の製品よりもコストパフォーマンスの高いトレードオフになるかどうかを考える。コインスターのレッドボックス（一ドルぽっきりで映画をレンタルできる自動販売機）は、ハリウッドの映画業界がその二〇倍から四〇倍もの金額で映画ＤＶＤを販売できる機会をはっきりと脅かし始めた。コインスターはビデオ購入の代替品であり、またレッドボックスの便利な立地と低コストに太刀打ちできない地元のビデオレンタル店にとっては、直接の競合相手になる（ちなみにこの文章を書いてひと月ほどたった頃、大手ビデオレンタル・チェーンのブロックバスターが民事再生法の適用を申請した）。ＤＶＤレンタルは長い間ＤＶＤ購入の代替品だったが、レッドボックスの格安料金と利便性の組み合わせは、顧客のツボを明らかにとらえたようだ。

ツボをとらえるのは低価格の代替品だけとは限らない。マドリッド－バルセロナ間を結ぶ高速鉄道は、フライトに対する高価値、高価格の代替品だ。またエナジードリンクはコーヒーに対する高価格の代替品だ。どちらもカフェイン供給飲料だが、より大きな刺激が得られる代替品に割高な価格を喜んで支払う消費者がいる。

スイッチングコストは代替において重要な役割を果たす。代替品が普及するのは、買い手が代替品に乗り換えるスイッチングコストが低いときだ。映画からＤＶＤへの乗り換えはもちろんこの好例だし、ブランド医薬品からジェネリック医薬品への乗り換えもそうだ。またコーヒー飲用が深く根づいた習慣であることを考えれば、若者の方が進んでエナジードリンクをとり入れているのも納得がいく。

新規参入者

参入障壁には、市場に新たな生産能力をもたらしてシェアの獲得をねらう新規参入者から、業界を保護するはたらきがある。新規参入者の脅威は、二つの方法で業界の収益性を低下させる。一つは価格に上限をつくることだ。価格を引き上げれば、新規参入の魅力が増してしまう。二つめの点として、既存企業は顧客をつなぎとめるために、投資を増やす必要に迫られることが多い。これが新規参入者の越えなくてはならないハードルを引き上げ、参入意欲をくじく。たとえば高級コーヒー小売業は、参入障壁そのものは低い。だからこそスターバックスはつねに投資を行ない、店舗やメニューの刷新に努めなくてはならない。これを怠ると、新たな競合企業に扉を開くことになる。

参入障壁は、新たな生産能力をもたらそうとする新規参入者から、業界を保護する。

新規参入の脅威はどうやって評価するか？　既存企業が参入障壁を高めるには、どうすればよいだろう？　新しい業界に参入しようとする企業は、行く手を阻む障壁を乗り越えられるだろうか？　参入障壁にはいくつかの種類がある。障壁を見きわめ、その大きさを評価するために、まず次の質問に答えてみよう。

◎生産量が増えると、単位あたりコストは下がるだろうか？　規模の経済性が存在するなら、生産量がどの水準に達すると作用し始めるだろう？　こういった数字をしっかり把握することが大切だ。またその場合、規模の経済性はどのような面ではたらくのだろう？　生産量を拡大することで固定費を分散できるから？　規模が大きくなると、より効率的な技術を利用できるから？　サプライヤーに対する交渉力が高まるから？　ちなみにＰＣの新しいＯＳを開発するには約一〇億ドルかかるが、マイクロソフトほどの規模があれば、ものの数週間でコストを回収できる。

◎顧客がサプライヤーを変更すると、スイッチングコストが生じるだろうか？　Ｍａｃから

ＰＣ（または逆）に乗り換えると、セットアップを行ないスキルを学び直すのに何時間もかかる。アップルは市場シェアが小さい小規模プレーヤーなので、相手から顧客を奪うことで得られるものは、マイクロソフトよりはるかに大きい。そのためアップルは、ＰＣユーザーのスイッチングコストを軽減するための投資を積極的に行なってきた。

◎ある企業の製品の利用者が増えるにつれて、利用者にとっての製品の価値は高まるだろうか？（これは**ネットワーク効果**と呼ばれる）。供給サイドの規模の経済性で検討したように、ここでもやはりその価値がどこから生じ、金銭に直すといくらほどになるのかを明らかにする必要がある。企業の安定したイメージや評判が、その製品を「安全」な選択肢にしていることもある。ネットワークの大きさが価値の源泉という場合もある。フェイスブックがこの好例だ。

◎事業に新規参入するための「入場料」はいくらだろう？　どれほどの資本投資が必要か？　それだけの投資を行なう意欲と能力をもつ企業には、どんな企業があるだろうか？　製薬会社は新規参入者の脅威をそれほど不安に感じないため、価格を気兼ねなく引き上げられる。この事業では研究開発やマーケティングに莫大な投資が必要だからだ。

◎業界の既存企業には、規模とは別に、新規参入者にもちえない強みがあるだろうか？　たとえば独占的な技術やゆるぎないブランド、有利な立地、流通チャネルとの結びつきなどだ。流通チャネルは厄介な参入障壁になることがある。特に限られた数のチャネルを既存企業が囲いこんでしまう場合だ。その結果、新規参入者は独自のチャネルを開拓せざるを得なくなることがある。新興の格安航空会社は、旅行代理店が大手航空会社を優遇しがちだったため、インターネットでのチケット販売に活路を見出した。

◎政府の政策は、新規参入を制限または阻止しているだろうか？　私の住むマサチューセッツ州では、ワイン販売免許がなかなか下りないことが販売業者の新規参入を大きく阻んでいる。規制や政策、特許制度、補助金などは、ほかの参入障壁を高めたり低めたりすることで、間接的に作用する場合もある。

◎新規参入を計画している企業は、既存企業からの反撃をどのように予想しているだろうか？　業界は新規参入者に徹底的に応戦するという評判だろうか？　業界には激しく対抗できるだけの経営資源があるだろうか？　業界の成長が鈍い、または固定費が高い場合、既存企業は市場シェアを死守するために激しく戦う可能性が高い。

既存企業同士の競争

既存企業同士の競争が激しいほど、業界の収益性は低下する。値下げ競争によって業界の生み出した価値が買い手に流れたり、競争に要するコストがかさんで価値が散逸することがある。競争はさまざまな形態をとる。価格競争、宣伝合戦、新製品の投入、カスタマーサービスの拡充など。製薬会社は昔から研究開発やマーケティングで激しい戦いを繰り広げてきたが、価格競争にだけは陥らないよう気をつけている。

既存企業同士の競争が激しいと、値下げ競争によって業界の生み出した価値が顧客に流れたり、競争にまつわるコストがかさんで価値が散逸する。

競争の激しさはどうやって評価するか？　ポーターは、競争が最も激しくなるのは次の場合だという。

◎競合企業が乱立しているか、規模と影響力においてほぼ互角である場合。業界のリーダー企業がいる場合は、業界全体の利益になる慣行を徹底させる力をもっていることが多い。
◎業界の成長が鈍いと、シェア争いが激化する。
◎撤退障壁が高いと、業界から企業が退出しにくくなる。たとえば処分が難しい特殊な資産に投資していた場合などがそうだ。過剰な生産能力は、一般に業界の収益性を悪化させる。
◎競合企業が事業に対して道理に合わない執着をもっている、つまり財務業績を最優先目標としない場合。たとえば国有企業は経営が悪化しても国家威信や雇用確保のために救済されることがある。またイメージ上の理由から採算を度外視してフルライン戦略をとる企業もある。

価格競争は、あらゆる競争形態のなかで最もダメージが大きいとポーターは警告する。競争が価格に向かえば向かうほど、業界は最高を目指す競争にとらわれる。これが起きるのは次のような場合だ。

◎製品・サービスの見分けがほとんどつかず（第1章でとりあげた競争の収斂の問題）、買い手のスイッチングコストが低いとき。このような場合、値下げによる顧客争奪戦が起きることが多い。航空業界は長年にわたってこの種の競争に終始してきた。

◎固定費が高く、限界費用が低いとき。企業は「経費を賄う足し」になるようにと、値下げをしてでも新規顧客を獲得しようとする。これも航空業界の価格競争の背景にある考え方である。

◎生産能力の大幅な拡充が必要になったとき。この結果、業界内の需給バランスが崩れ、設備の稼働率を上げるために価格を引き下げざるを得なくなる。

◎製品が陳腐化しやすいとき。果物やファッションに限らず、短期間で時代遅れになったり価値が失われたりする幅広い製品・サービスにあてはまる。ホテルの客室や航空機の座席、レストランのテーブルも、埋まらなければ「陳腐化」する。

なぜ競争要因は五つだけなのか？

五つの競争要因のフレームワークはなぜすべての業界にあてはまるのだろうか？　それは、あらゆる取引の根本をなす関係を網羅しているからという、単純な理由による。つまり買い手と売り手、売り手とサプライヤー、競合する売り手同士、供給と需要の関係だ。ちょっと考えてほしい。すべてが網羅されているのがわかるだろうか。五つの競争要因は、普遍的かつ根本的なフレームワークである。

五つの競争要因のフレームワークがなぜすべての業界にあてはまるかといえば、あらゆる取引の根本をなす関係を網羅しているからという、単純な理由による。

私は経営者の戦略会議の司会進行を務めるとき、ポーターの五つの競争要因のフレームワークをご存じですかと尋ねることにしている。ほとんどの人が、知っていると答える。おもしろいのはここからだ。ほどなくして五つ全部言えるかの競争が始まる。三つか四つしか思い出せない人がほとんどのようだ。また五つの競争要因に含まれないものをあげて、うちの業界ではこれが成否を分けるのだから、入っていないはずがないといい張る人が必ず現れる。

そこで、このフレームワークのねらいを説明しておきたい。競争要因を五つともそらでいえても、有能な戦略家になれるわけではなく、そのふりができるにすぎない。それより大切なのは、フレームワークの根底をしっかり理解することだ。どんな業界にも限られた数の構造的要因が作用し、それらが体系的かつ予測可能な方法で、業界の収益性に影響をおよぼしているのだ。

column

需要と供給

需要と供給が価格に大きな影響を与えることは、誰もが習い知っている。完全市場では需給調整機能が敏感にはたらき、供給が増えると価格は新しい均衡点に瞬時に低下する。完全競争下では利益はゼロである。価格はつねに限界生産費に等しくなるまで下がるからだ。だが現実には「完全」な市場などまずない。ポーターの五つの競争要因のフレームワークは、不完全な市場について体系的に考える手だてを与えてくれる。たとえば参入障壁が存在するとき、新規供給者は市場の需要を満たそうとしても簡単には参入できない。またサプライヤーや買い手の影響力なども、価格に直接の影響をおよぼすことがわかる。

このほかにも重要な要素はあるが、どれも構造的ではない。よくあげられる四つの要素を考えてみよう。

◎政府による規制。規制はつねに競争に影響をおよぼすとは限らない。むしろ五つの競争要因のどれかに影響をおよぼし、間接的に業界構造を変化させることはある。

◎技術。技術も同じだ。たとえばインターネットの普及によって、顧客が簡単に最安値のものを探せるようになれば、業界の収益性は低下するが、それはインターネットが買い手の力を高めることを通して、業界構造を変化させるからだ。

◎成長率。成長率の高い業界は魅力的と思われがちだが、これは誤りだ。成長しているからといって、収益性が高いとは限らない。たとえば成長を機にサプライヤーが主導権を握ることもあれば、高成長と低い参入障壁の組み合わせが新規参入者を呼び寄せてしまうこともある。成長率だけをみても、顧客の影響力がどうなのか、代替品の脅威がどれほどあるのかはわからない。急成長を遂げている業界は「よい業界」だという根拠のない思いこみが戦略判断を誤らせることが多いと、ポーターは警告する。

◎補完品。補完品は「六つめの競争要因」の候補にあげられることがある。補完品とは業界の製品とともに使われる製品・サービスのことをいう。たとえばコンピュータのハードウェアとソフトウェアがその好例だ。たしかに補完品は、業界の製品の需要に影響を与えることがある（充電設備がないのに電気自動車を買おうと思う人がいるだろうか？）。だがこれまで見てきた要因——成長率、政策、技術——と同じで、やはり五つの競争要因に作用することを通して、業界の収益性に影響を与える。

もちろん、業界によってはこれらの要素を理解し適切に対処できるかどうかが成否を分けることもあるだろう。だがこれらの要素の影響が増したからといって、たとえば買い手の力が高まるときのように、業界の収益性に体系的かつ予測可能な影響がおよぶことはない。同じ技術でも、コストの上昇と価格の低下を招き収益性を損ねるものもあれば、その逆もある。まったく影響をおよぼさないものもある。同じことが成長率、政策、補完品についてもいえる。競争要因が構造的であれば、その影響力が大きくなったとき、価格またはコストが既知の方向に動くことをつねに予測できる。買い手の力が高まれば、価格は必ず低下し、上昇することはない。サプライヤーの力が高まれば、コストは必ず上昇し、下落することはない。五つの競争要因のそれぞれが収益性にどのような影響をおよぼすかを、**図2-2**にまとめた。

図 2-2　五つの競争要因は収益性にどのような影響を与えるか

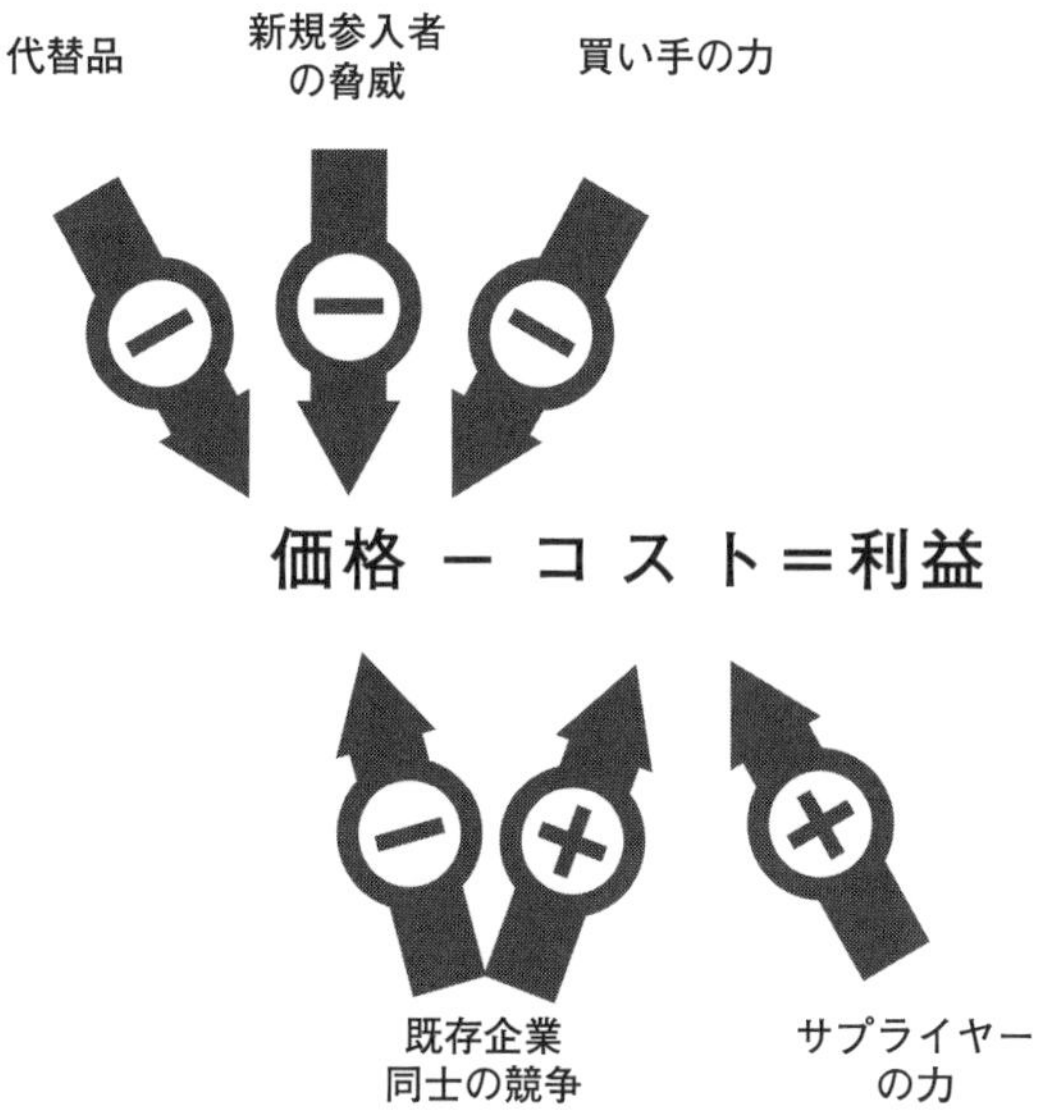

戦略への示唆

五つの競争要因の全体としての強さを把握することが大切だ。なぜなら、これが価格とコストに、そして競争に必要な投資に影響をおよぼすからだ。業界の生み出す経済価値がどのように分配されるかは、業界構造によってきまる。つまり業界内の企業がどれだけの割合を確保し、どれだけが顧客、サプライヤー、流通業者、代替品に流れるか、また新規参入の脅威が価値をどれほど抑制するかがきまる。業界構造は、業界内のすべての企業の損益計算書とバランスシート（貸借対照表）と直接関係している。この分析から得られた洞察は、どこで、どのようにして競争するかという意思決定に直接活かされなくてはならない。

業界分析を実際に活用するにはどうしたらよいだろう？　わかりやすい例を二つあげる。まずは、業界で魅力的な収益が見こめるかどうかを考えてみよう。二〇〇五年にＩＢＭはＰＣ事業をレノボに売却した。五つの競争要因を分析すれば、なぜこの事業が、主力企業ですら音《ね》をあげるほど魅力を失ったのか、その理由が手にとるようにわかる。この業界では強大な力を誇るサプライヤーのマイクロソフトとインテルが、当時も業界の生み出す価値のほとんどを牛耳っていた。また業界が成熟するにつれて、ＰＣそのものの汎用品化が進み、それとともに顧客の力が増した。ＰＣは性能面で優劣がつかなくなり、顧客は安値を求めて気軽にブランドを乗り換えるようになった。ＰＣメーカー間の競争は激化し、アジアの新興ＰＣメーカーの攻勢が価格低下に拍車をかけた。そのうえＰＣの代替品になりそうな新型機器が急速に売上を伸ばしていた。ＰＣの機能の一部を備えた、さまざまな携帯機器である。

column

業界分析の典型的な手順

1.　**業界を「製品の範囲」と「地理的範囲」の二つの面から定義する。**業界に含まれるもの、含まれないものは何だろう？　この手順は意外と厄介なので、じっくり考えてほしい。五つの競争要因分析を用いれば、業界の定義が狭すぎる、または広すぎるという、よくある落とし穴にはまらずに、境界線を引くことができる。複数の製品／地域を比較したとき、買い手、サプライヤー、参入障壁などは同じだろうか？　ポーターの経験則を教えよう。複数の競争要因に違いがある場合、またはどれか一つに大きな違いがある場合、それらの製品／地域は、別々の業界に属すると考えてよい。つまり、別々の戦略が必要になるということだ。次の例を考えてみよう。

◎製品の範囲。自動車用のモーター・オイルは、トラックや固定エンジンに使われるオイルと同じ業界に属するだろうか？　油そのものに違いはほとんどない。だが自動車用オイルは一般消費者向けの広告によって宣伝され、強力なチャネルを通じて無数の小規模な顧客に販売される。また小型容器に詰められるせいで物流コストがかさむため、地域で生産される。これに対してトラックや発電機用のオイルは、異なる販売チャネルやサプライチェーンを通じて異なる顧客に販売されるため、業界構造がまったく異なる。したがって戦略的観点からいえば、これらは別々の業界に属する。

◎地理的範囲。セメント事業はグローバルな事業だろうか、それともローカルだろうか？　先のセメックスの例を思い出してほしい。アメリカとメキシコとでは、いくつかの競争要因は同じだが、買い手が根本的に異なる。地理的範囲がグローバルではなく国内であるため、市場ごとに異なる戦略が必要である。

2. **それぞれの競争要因を構成する当事者を特定し、必要に応じてグループに分類する。**どのような基準で分類されるだろうか？

3. **それぞれの競争要因を促進する要素（ドライバー）を分析する。**どのドライバーの影響力が大きく、どれが小さいだろうか？　それはなぜだろう？　この分析を徹底的に行なえば、貴重な結果が得られる。

4. **一歩下がって全体的な業界構造を見きわめる。**収益性のカギを握るのは、どの競争要因（一つまたは複数）だろう？　すべての要因が同じくらい重要ということはない。業界にとって最も重要な競争要因を掘り下げてみよう。分析から得られた結果は、現在の、そして長期的に見た業界の収益性水準と一致しているだろうか？　業界内の収益性の高い企業は、五つの競争要因で有利なポジションにつけているだろうか？

5. **それぞれの競争要因の最近の変化と将来起こりうる変化を分析する。**どのような変化が見られるだろう？　今後競合他社や新規参入者は、業界構造にどのような影響をおよぼすだろうか？

6. **五つの競争要因に対して、自社をどのようにポジショニングできるか？**　競争要因の影響が最も弱くなるようなポジションを探せるだろうか？　業界の変化を逆手にとって利用できないだろうか？　業界構造を自社の有利になるように再編できないだろうか？

五つの競争要因分析は、業界の「魅力度」を判断するために用いられることが最も多い。もちろん、撤退、参入、投資を検討する企業や投資家にとって、これは欠かせない。だが五つの競争要因分析を行なって、ただ業界が魅力的か、魅力的でないかを宣言するだけでは、ツールとしての力をフルに活用できているとはいえない。このような使い方では、次の質問に対する重要な洞察を得ることはできない。

◎業界の収益性はなぜいまのような水準なのか？　収益性を支える要因は何だろう？
◎何が変わりつつあるだろう？　収益性は今後どのように変化するだろう？
◎自社が生み出している価値のとり分を増やすには、どういった制約要因を克服しなくてはならないだろう？

いいかえれば、**五つの競争要因分析を正しく行なうことで、複雑な競争の本質を見抜き、業績を改善するためのさまざまな措置がとれるようになる。**たとえばPC事業はほとんどのプレーヤーにとって魅力に乏しいが、アップルは利益をあげる方法を見つけたように思われる。アップルは独自のOSを構築することで、サプライヤーであるマイクロソフトの力をかわしてきた。また、特徴ある製品を開発することで、買い手の力を抑えている。アップル信者は、他社製品に乗り換えるくらいなら、割高な価格を支払った方がましだと考える。

業界分析で考えるべき二つめの質問は、競争要因の影響が最も弱い場所に自社をポジショニングできるかどうかだ。大型トラックメーカーのパッカーが編み出した戦略について考えてみよう。この業界もやはり魅力の薄い構造をもつ。

◎大規模なトラック部隊を保有する、強力な買い手が多数いる。こうした買い手は、トラックがコストの大部分を占めるため、価格感度が高い。

◎競争の基盤は価格に置かれる。なぜなら、(a)業界は資本集約的で、周期的に低迷するため、競争が激しく、(b)ほとんどのトラックが規制基準に合わせて製造されるため、どれも同じように見えるからだ。

◎供給面での問題としては、労働組合がサプライヤーとして絶大な影響力を行使するほか、エンジンや駆動系部品の大規模な独立系サプライヤーも強力である。

◎トラックの買い手は、代替サービス(鉄道など)の脅威にさらされており、そのことがトラックの価格を全体として抑えている。

一九九三年から二〇〇七年までの業界の平均投下資本利益率(ROIC)は、一〇・五%だった。だがこの同じ時期、北米の大型トラック市場で約二〇%のシェアを占めるパッカーは、三一・六%ものROICを実現している。パッカーはこの厳しい業界のなかで、競争要因の影響が最も弱い部分にポジショニングを確立している。ターゲット顧客は個人運送業者、つまりトラックを第二のわが家とする男たちだ。この顧客層はパッカーの「ケンワース」や「ピータービルト」のブランドがもたらすステータスや、運転席後部の贅沢な仮眠スペース、豪華な革張りのシートなどの多くのカスタム機能に、割高な価格を支払う。パッカーの受注生産の製品には、個人運送業者を支援するさまざまなサービスが付帯している。たとえばパッカーのロードサービスを利用すれば、トラックの不稼働時間を短縮できる。これは個人運送業者の財政にとって非常にありがたい。だからこそパッカーは、熾烈な価格競争がはびこる業界で、一〇%ものプレミアム価格を要求できるのだ。

パッカーは業界「最高」のトラックメーカーを目指さない。そんなことをすれば、同じ製品で同じ顧客を追い、業界の価格競争にとらわれ、競争を激化させ、その結果業界構造の悪化に拍車をかけるのがオチだ。ここでの教訓は、多くの業界の多くの企業にとって戒めとなる。競争方法に関する自らの選択が、不利な状況をさらに不利にしてしまうことがあるのだ。

パッカーは独自性を目指して競争し、他社と異なるニーズや顧客に対応することで、違う土俵で戦える。同社の価格やコストに影響をおよぼす競争要因は、それほど強力ではない。「戦略は」とポーターは書いている、「競争要因に対して防衛策をとること、または業界内で競争要因の影響が最も弱いポジションを探すことと見なすこともできる」。パッカーの事例が示すように、優れた戦略は、嵐から身を守るシェルターのようなものだ。五つの競争要因分析は、天気予報を知らせてくれる。

構造は動態的である

競争要因の一部またはすべてが時とともに変化するにつれて、業界の収益性も変化する。**業界構造は静態的ではなく動態的である**。ポーターはことあるごとにこれを強調する。なぜなら、業界構造と企業のポジショニングは静態的だから、この変化の激しい世界では無意味だという、驚くほど根強い誤解があるからだ。「はじめに」で述べたように、多くの人がポーターを受け売りでしか知らないため、この点は強調するに値する。くり返すと、業界構造は静態的ではなく動態的である。業界分析を行なうことは、ある時点での業界の姿をとらえることだが、五つの競争要因の傾向を分析することでもある。

買い手やサプライヤーは、時とともに力を増すこともあれば、失うこともある。技術革新や経営革新のせいで、新規参入や代替の脅威が高まる場合も、薄れる場合もある。経営者の選択や規制の変更によって、競合企業同士の競争の激しさが変わることもある。たとえば一九七〇年のウォルマートは、まったくノーマークの存在だった。いまやウォルマートは世界最強の買い手として、さまざまな業界に絶大な影響力をおよぼしている。同社のチーフバイヤーは、私が知るなかで最も率直な肩書きをもつ人だ。「国際購買レバレッジ《影響力》担当副社長」というのだから。だが業界の五つの競争要因を見守ってきた人たちにとって、これは一夜にして起きた激変ではなかった。ウォルマートに製品を供給する多くの業界にとっては、超スローモーションで起きた列車事故だった。激変に備え、選択を行ない、行動を起こす時間はたっぷりあったのだ。

どんな業界にもつねに変化が起きている。業界構造をよりよく理解すれば、業界構造を自社に有利に再編できる新しい戦略機会や動きを見きわめ、活用することができる。難しいのは、重要な変化を見分けることだ。戦略上重要な変化とは、五つの競争要因に影響をおよぼすような変化である。

column

五つの競争要因：利益をめぐる競争

◎競争の真の目的は、ライバル企業の商売を奪うことではない。利益をあげることだ。ビジネスにおける競争の本質は、利益をめぐる攻防であり、業界が生み出す価値の分配をめぐる駆け引きである。

◎企業が利益をめぐって争う相手は、直接の競合企業だけではない。顧客、サプライヤー、潜在的新規参入者、代替品も競争の対象となる。

◎五つの競争要因の全体としての強さが、価格とコストに、また競争に必要な投資に影響をおよぼし、業界の平均的な収益性を決定する。優れた戦略は、業界平均を上回る業績をもたらす。

◎五つの競争要因分析を行ない、ただ業界が魅力的か、魅力的でないかを宣言するだけでは、ツールとしての力をフルに活用できていない。業界構造は、業界内のあらゆる企業の損益計算書と貸借対照表を「説明」できる。したがって、この分析から得られた洞察は、どこで、どのようにして競争するかという意思決定に直接活かされなくてはならない。

◎業界構造は静態的ではなく動態的である。五つの競争要因分析を行なうことで、業界構造の変化を予測し、逆手にとって活用することができる。

なぜ一部の企業はほかより収益性が高いのだろうか？　本章ではこの質問の答えの前半を説明した──業界構造は収益性の違いをもたらす一因である。そんなわけで、後半に進む準備ができた。次章では、企業が業界内で占める相対的なポジションが、さらに大きな違いをもたらす要因であることを見ていこう。

第3章 競争優位
――バリューチェーンと損益計算書

競争優位ほど、ポーターと関わりの深い言葉はない。この言葉は企業ではしょっちゅう聞かれるが、ポーターが意図した意味で使われていることはまずない。大ざっぱな使い方をされるうちに、組織が得意だと自負するあらゆることを意味するようになってしまった。これには経営者がライバル企業に打ち勝つために使う武器という意味が暗にこめられている。

これは肝心な点でピントがずれている。ポーターのいう競争優位は、ライバル企業を下すことではなく、卓越した価値を生み出すことと関わるものだ。さらにいえば、この言葉には具体的で明確な意味がある。真の競争優位をもつ企業は、競合他社に比べて低いコストで事業を運営しているか、高い価格を課しているか、その両方だ。他社をしのぐ業績をあげる方法は、これしかない。戦略を意義あるものにしたいなら、財務業績と直接関係づけなくてはならないとポーターは説く。そうでない戦略は、ただの空論でしかない。

真の競争優位をもつ企業は、競合他社に比べて低いコストで事業を運営しているか、高い価格を課しているか、その両方だ。

前の章では、五つの競争要因が業界の平均的な業績に与える影響について考えた。つまり業界構造は、業界内の「平均的な」企業が期待できる業績を決定する。これに対して**競争優位**は、卓越した業績に関わるものだ。本章では競争優位の源泉をたどり、ポーターのもう一つの重要なフレームワークである**バリューチェーン（価値連鎖）**について説明する。

経済の基本原理

競争優位は相対的な概念である。つまりほかを卓越した業績に関わるものだ。卓越した業績とは、正確にいうとどういうことだろう？　製薬会社ファルマシア・アップジョンは、一九八五年から二〇〇二年までの平均投下資本利益率が一九・六％と、一見めざましい業績をあげているように見えた。これに対して鉄鋼メーカーのニューコアは、同じ時期に約一八％をあげた。両社のリターンは同等と見てよいだろうか？　それともファルマシア・アップジョンの方が卓越した戦略をもっていたと考えるべきだろうか？

とんでもない。平均利益率わずか六％の鉄鋼業界で、ニューコアは目を見張るような業績をあげていた。これに対してファルマシア・アップジョンは、好業績企業の利益率が三〇％を超える業界で後れをとっていた（ポーターが資本利益率を用いる理由については、コラム「競争での成功を測る正しい指標、誤った指標」を参照のこと）。

column

競争での成功を測る正しい指標、誤った指標

正しい戦略目標とは何だろうか？　競争での成功はどうやって測るべきだろう？　ときにポーターは、経営のソフト面である人材に十分な関心を払っていないと批判されることがある。それでもポーターは、正しい目標を設定することの大切さを主張して譲らない。そして彼は、これこそが最高に人材重視の考え方だというのだ。

どんな経営者も知っているように、目標は――またそれに照らして業績を測る方法は――組織内の人々の行動にきわめて大きな影響をおよぼす。目標は経営者が下す選択を左右する。経営心理学がポーターの研究の中心に据えられたことはないが、彼の思考は人間の行動に関するこの洞察に裏づけられている。誤った目標や紛らわしいやり方で定義された

目標を出発点にすると、誤った場所に行き着くことは目に見えている。

ポーター曰く、業績はあらゆる組織に共通する経済的目標を反映するような形で定義されなくてはならない。その経済的目標とは、すべてのインプット（投入物）のコストの総和を超える価値をもつ製品・サービスを生産することだ。別の言葉でいえば、資源を有効に利用することが組織の本来の務めなのだ。

この考えを最もよく表す財務指標が、投下資本利益率（ＲＯＩＣ）だ。ＲＯＩＣは企業が生み出す利益を、企業に投下されたすべての資金（営業費用、設備投資費を含む）に照らして評価する。長期的な投下資本利益率（ＲＯＩＣ）を見れば、企業が経営資源をどれだけ有効に利用しているかがわかる。[*] またポーターにいわせれば、ＲＯＩＣは競争の多面的な性質をとらえる唯一の評価指標でもある。ＲＯＩＣには、顧客のために価値を生み出し、競合他社に対抗し、資源を生産的に利用するという、競争の三つの側面がすべて織りこまれている。企業は十分な収益をあげてこそ顧客を持続的に満足させられるし、資源を有効に利用してこそ競合他社に持続的に対抗できるのだ。

この論理は明快で説得力がある。なのに企業は目標を選ぶとき――または金融市場によって課された目標を受け入れるとき――この基本論理をすっかり忘れていることが多い。企業が成功を導く戦略を維持できないのは、次のような誤った目標を掲げているせいだと、ポーターは折に触れて指摘する。

◎売上高利益率（ROS）：広く用いられているが、事業に投下された資本を考慮に入れていないため、資源の有効活用度を測る指標としては不十分である。
◎成長：同じ系統の目標である「市場シェア」とともに広く用いられているが、ROSと同じで、これも業界内で競争するうえで必要な資本を考慮に入れていない。卓越した資本利益率をけっしてもたらすことのない、利益なき成長を追求する企業のなんと多いことか。ポーターが経営者向けの講演で皮肉っぽく指摘するように、成長だけが目標なら、価格を半分に下げるだけですぐにでも達成できる。
◎株主価値（時価総額）：はなはだしく不適切な目標であることが実証されているが、いまだに強力な動機として経営幹部の行動を駆り立てている。株価は長期にわたって測定してこそ、経済価値の評価指標として意味があるとポーターはいう（くわしくは巻末インタビューでのポーターの発言を参照のこと）。

サウスウエスト航空の前CEOハーブ・ケレハーは、こうした誤った目標が誤った意思決定を導くという。「市場シェアは収益性とは何の関係もない」と彼はいう。「市場シェアを目標に掲げるのは、ただ大きくなりさえすればいい、その過程で利益があがるかどうかはどうでもいい、といっているようなものだ。これこそが、航空自由化以来一五年間にわたって航空業界を誤り導いてきた考えだ。シェアを五％伸ばすために、コストを二五％も余計にかけた企業もある。収益性が目標なら絶対にあり得ない行動だ」

この問題に対するポーターの解決策は、実行に移すには少々勇気がいる。企業が「経済価値の創出」という究極の目標を実現しているかどうかを知るには、企業があげた本当の利益と、事業に投下したすべての資本を、包み隠さず測定するしかない。つまり戦略は、適切な目標と、業績を正確に偽りなく測定するという誓いの二つを出発点としなくてはならない。これはなかなかできないことだ。それは技術的に難しいからではなく、組織には結果をできるだけよく見せようとする、抗いがたい力がはたらいているからだ。

同じ論理が非営利組織にもあてはまる。非営利組織が活動する世界には市場価格が存在せず、したがって利益というものが存在しないが、それでも営利組織と同じ基準で成果を評価しなくてはならない。つまり、資源を有効に利用しているかどうかだ。社会セクター〔非営利セクター〕での成果測定もやはり難しく、本来あるべきほど頻繁にも厳密にも測定されていないことが多い。

＊ＲＯＩＣを評価するための時間軸が、業界の典型的な投資サイクルによって異なることに注意してほしい。たとえばアルミニウム業界では、新しい精錬所の建設から稼働まで八年を要することも珍しくないため、一〇年単位で評価するのが妥当だろう。これに対してサービス業では、三年から五年が適切なことが多い。資本規模が小さい事業では、資源の有効利用を測るためにほかの指標が必要になる場合がある。たとえばコンサルティング会社であれば、パートナー一人あたり収益など。

したがって競争優位を見きわめるにあたっては同業他社、つまり似たような競争環境に置かれているか、五つの競争要因の構成が似ている競合他社との比較で、収益を評価しなくてはならない。業績は、事業ごとに測定して初めて意味をもつ。なぜなら競争要因が作用するのは、そして企業が競争優位を得る（失う）のは、それぞれの事業においてだからだ。

用語をはっきりさせておくと、ポーターのいう戦略は、事業における「競争戦略」を指すときまっている。戦略の主体は企業全体ではなく、事業部門なのだ。これに対して企業戦略とは、複数の事業を有する多角経営企業のビジネスの進め方をいう。これは重要な区別だ。多角経営企業の全社的な収益は、各事業の収益の和として理解されるべきであることを、ポーターの研究は示している。もちろん親会社が業績に貢献することはあるが（ときには業績の妨げになる場合もある）、収益性に作用する主な影響のほとんどは各業界に固有のものだ。

競争優位がある企業は、業界平均を上回る収益率を持続しているはずだ（図3-1を参照のこと）。つまり**競合他社と比べて相対的に高い価格を要求できるか、事業を相対的に低いコストで運営できるか、その両方**だ。逆に競合他社より収益率が低い企業は、当然ながら価格が相対的に低いか、コストが相対的に高いか、その両方だ。相対的価格と相対的コストの基本的な経済関係が、企業が競争優位を生み出す方法を理解するための出発点となる。

図3-1　データの正しい活用法：なぜ一部の企業はほかより収益性が高いのか？

企業の業績を左右する要因は二つある：

	業界構造	相対的なポジション
ポーターのフレームワーク	五つの競争要因	バリューチェーン
分析の焦点	業界の収益性の決定要因	活動における違い
分析からわかること	業界の平均的な価格とコスト	相対的な価格とコスト

競争優位がある企業は、同業他社に比べて相対的に高い価格および／または相対的に低いコストを持続できる。

ポーターはここから、まるでタマネギの皮をむくような思考プロセスにわれわれを案内する。彼はまず企業全体の収益性を表す一つの数字を、価格とコストという二つの要素に分解する。なぜ分解するかといえば、収益性を決定する基本的要因である、価格とコストのドライバーがそれぞれまったく異なり、行動に与える影響もまるで異なるからだ。

相対的価格

企業がプレミアム価格を持続できるのは、独自性と価値のあるものを顧客に提供できる場合に限られる。アップルの人気ガジェットは、どれも高い値段で売れる。マドリッド‐バルセロナ間の高速鉄道や、パッカーの個人運送業者向けトラックもそうだ。買い手により多くの価値を提供できれば、経済学者のいう**支払意思額**（WTP：Willingness To Pay）を引き上げることができる。このしくみのおかげで、企業は競合他社の製品・サービスに比べて相対的に高い価格を設定できるのだ。

アメリカの自動車メーカーは長年の間、ホンダやトヨタよりも多額のリベートやその他の金銭的なインセンティブを用いなければ、一般乗用車が売れなかった。二〇一〇年にフォードが投入した一連の新製品が、長年にわたる価格劣位に終わりを告げようとしている。フォードの新型フュージョンは、『モーター・トレンド』誌や『コンシューマー・リポート』誌で自動車評論家のイチ押しに選ばれ、品質と信頼性を絶賛された。自動車購入者にも異存はなかったようだ。二〇一〇年第3四半期の一七億ドルという記録的な純利益のうち、四億ドルが価格引き上げ効果だとフォードは説明している。

一般に企業向け市場では、顧客にとっての価値（ポーターは「買い手価値」と呼ぶ）は定量化可能で、経済的観点から説明できる。たとえばメーカーがある機械に割高な金額を支払うのは、低価格の代替品に比べて人件費の削減効果が大きく、価格の上乗せ分を補って余りあるからかもしれない。

消費者向けの場合でも、買い手価値に「経済的」要素が含まれることはある。たとえば消費者が割高なカットサラダを買うのは、時間を節約するためだ。だが消費者は法人顧客のように、自分が利便性のためにいくら支払っているのかを実際に計算することはほとんどない（たとえば以前私が試算したところ、消費者はチーズをおろすという非熟練労働に、一〇〇ドルを優に超える時給を支払っていた）。

消費者の支払意思額には、感情的側面や目に見えない側面がある。たとえばゆるぎないブランドが与える信頼感や、最新の電子機器をもつことのステータスといったものだ。自動車メーカーは、消費者がハイブリッド・カーに燃料費の節減分を大幅に上回るプレミアム価格を支払うと踏んでいる。この計算に、経済以外の要因がはたらいているのは明らかだ。

同じことが、規模は小さいが成長著しい食品業界の一角についてもいえる。消費者は昔からの基本食品である卵に、いったいいつから三〇〇から四〇〇％（！）ものプレミアム価格を喜んで支払うようになったのだろう？　これには諸説があるが、どの説も工場式農場で卵が生産されている方法に関心が高まったことと関係がある。健康志向の顧客にとっての付加価値は、食の安全性だ。産直愛好者にとってはおいしさだし、動物愛護派にとっては卵を産む雌鶏の適切な扱いだろう。

割高な価格を要求できることが、差別化の本質である。ポーターはこの「**差別化**（differentiation）」という用語を独特な意味で用いる。多くの人がこの言葉を聞くと「違う（different）」という意味と混同しており、コストや価格にもこの用語を使っている。たとえば「ライアンエアー〔アイルランドの格安航空会社〕は低コストで差別化を図っている」といった使い方だ。マーケティング担当者は、差別化についてまた独自の定義をもっており、顧客に製品間の違いを印象づけるプロセスと考える。たとえば二つのブランドのヨーグルトが同じ値段で売られているが、ブランドAは「カロリー五〇％オフ」だと宣伝することを差別化と呼ぶ。

ポーターの意図は別のところにある。彼は卓越した収益性を生み出す根本要因をつきとめることに力点を置いている。また価格効果とコスト効果の区別を際立たせることで、より緻密かつ厳密に考えることを促す。ポーターのいう差別化とは、割高な価格を要求できる能力のことだ。ここで助言を一つ。基本的な区別さえ押さえておけば、用語はあまり気にする必要はない。さしあたっては、戦略の目標が卓越した収益性をあげることであり、それを構成する二つの要素のうちの一つが相対的価格、つまり競合他社より高い価格を要求できる能力であることを覚えておけばよい。

相対的コスト

卓越した収益性を構成する二つめの要素は、相対的コストだ。つまり、何らかの方法で競合他社より低いコストで生産できるということだ。これを実現するには、製品・サービスをより効率的に開発、生産、配送、販売、サポートする方法を見つけなくてはならない。たとえばある企業のコスト優位の源泉は、業務コストの低さかもしれないし、資本効率の高さ（運転資本含む）かもしれないし、その両方かもしれない。

デル・コンピュータの相対的コストが二〇〇〇年代前半まで低かったのは、この両方の要因による。ヒューレット・パッカード（ＨＰ）をはじめとする垂直統合型の競合企業は、部品の設計、製造、コンピュータの（在庫を保持する）見こみ生産を行ない、販売代理店を通じて販売した。これに対してデルは、外部調達した部品と、厳しく管理したサプライチェーンを用いてコンピュータを受注生産し、直接販売した。この二つの相異なる手法は、コストや投資の構成がまったく違っていた。デルのモデルはそれほど多くの資本を必要としなかった。部品の設計、製造を行なわず、在庫をほとんどもたなかったからだ。一九九〇年代末のデルは在庫日数で大きく優位に立っていた。当時は部品価格が急落していたため、デルは部品の購入を何週間も先に延ばすことで、ＰＣ一台あたりのコストを相対的に低く抑えることができた。それになんとデルの顧客は、デルがサプライヤーに部品代を支払う前に、デルにＰＣの購入代金を支払っていたのだ。ほとんどの企業は事業運営に必要な運転資金を借り入れる必要がある。だがデルはこの戦略のおかげで運転資金がマイナスとなり、コスト優位をさらに強化できた。

コスト優位を持続させるには、一つの部門や一つの技術だけでなく、社内のさまざまな部分の連携が必要であることが多い。コストリーダーシップに成功している企業は、コスト優位が多面的である。ただの「低コストメーカー」ではないのだ。ちなみにこのよく使われる表現は、コスト優位をもたらすのが生産分野だけだという考えを暗に示している。だが低コストの文化は会社全体に浸透しているのが普通だ。このような文化はバンガード（金融サービス）、イケア（家具、インテリア）、テバ（ジェネリック医薬品）、ウォルマート（ディスカウント小売）、ニューコア（鉄鋼メーカー）など、多様な企業に根を下ろしている。たとえばニューコアは、昔から製造でコスト優位を実現しているだけでなく、長い間歯科医院ほどの大きさの本社で数十億ドル規模の企業を運営していた。ちなみに「役員食堂」は、通りの向かいにある総菜屋《デリ》だった。

ここでいいたいのは、戦略に関わる選択は、相対的価格または相対的コストを自社に有利に変えるために行なうということだ。当然ながら、最終的にものをいうのは価格とコストの差だ。どんな戦略も、相対的価格と相対的コストの関係を自社に有利に動かすものでなくてはならない。特徴ある戦略は、独自性のある構造をつくり出す。たとえばある戦略をとると、コストが二〇％上昇するが、価格を三五％引き上げられるかもしれない。アップルやＢＭＷなどの企業はこの方向に傾いている。またコストを一〇％削減して、五％低い価格を実現する戦略もある。イケアやサウスウエスト航空などは、この種の構造を選択している。選択の最終結果がプラスであれば、戦略は定義上、競争優位を生み出したことになる。

このように、緻密かつ定量的な観点で考えることがとても大切だとポーターはいう。戦略に経済的根拠と事実の裏づけを与えられるからだ。

戦略に関わる選択は、相対的価格または相対的コストを自社に有利に変化させるために行なう。

同じことが非営利組織にもついてもいえる。前にも述べたが、競争優位とはつきつめれば卓越した価値を創造することであり、資源を有効に利用することだ。非営利組織は相対的価値または相対的コストを社会に有利に変えるために、戦略に関わる選択を行なう。いいかえれば非営利組織は優れた戦略を通して、投資した一ドル一ドルで社会のためにより多くの価値を生み出すか（高価格に相当）、同等の価値をより少ない資源で生み出す（低コストに相当）ことができる。ポーターの考えを非営利組織の環境にあてはめるには、特定の社会的な目的をできるだけ効率よく実現するのが非営利組織の目標であることを頭に留めておこう。この点では、営利企業の方が楽だ。市場価格という、自らの生み出す価値を測る明確なものさしがあるのだから。非営利組織は価値を生み出すという同じ仕事を、このような基準を使わずにやらなくてはならない。

バリューチェーン

さて、このようにして競争優位の簡潔で具体的な定義ができた。持続的な高価格か低コスト、またはその両方によってもたらされた、卓越した業績である。だが経営者にとって意味のある――つまり経営者の手でコントロール可能な――競争優位の源泉をつきとめるには、タマネギの最後の一枚の皮をむかなくてはならない。つまるところ、競合企業間のコストや価格の違いは、企業が競争するなかで行なう無数の**活動**から生じる。

ここでちょっとペースを落としてじっくり考えよう。なぜならこれはきわめて重要な点であり、またこのいい回しは直感的にわかりづらいからだ。ここからは「活動」と「活動システム」に関する話が続くので、まずは定義をはっきりさせておきたい。**活動**とはさまざまな経済的機能やプロセスのことで、たとえばサプライチェーンの管理、営業部隊の運営、製品開発、顧客への配送といったものが含まれる。一般に活動は人材や技術、固定資産、運転資本、さまざまな種類の情報などを用いて行なわれる。

経営者はマーケティングや物流といった職能分野の観点からものごとを考える傾向にある。自分の専門知識や所属組織がそのような体系で分類されているからだ。だが戦略を考えるうえでは範囲が広すぎる。競争優位を理解するには、活動に焦点を絞ることが何より大切だ。活動は従来型の職能より範囲が狭い。他方、組織のスキルや強み、能力《コンピタンス》（自社の得意なこと）という観点からものごとをとらえる経営者もいるが、これはあまりに抽象的で、往々にして範囲が広すぎる。価格やコストに影響をおよぼすために経営者として何ができるかを明確に考えるには、活動のレベルまで掘り下げ、「自社の得意なこと」を、自社の行なう特定の活動に具現化する必要がある。

企業が製品を設計、生産、販売、配送、サポートするために遂行する活動の集合は、バリューチェーンと呼ばれる。バリューチェーンはより大きなバリューシステムの一部である。

企業が製品を設計、生産、販売、配送、サポートするために遂行する活動の集合は、**バリューチェーン**と呼ばれる。バリューチェーンはより大きなバリューシステムの一部である。バリューシステムは、エンドユーザーのための価値創造に関わる、より大きな活動の集合をいい、活動の主体は当該企業だけではない。たとえば自動車メーカーは車にタイヤをとりつける必要があるが、これを行なうにはバリューシステムの上流でいくつかの選択を行なわなくてはならない。タイヤを内製するか、サプライヤーから購入するか？　内製する場合、原材料はサプライヤーから購入するか、自社で生産するか？　ヘンリー・フォードはよく知られているように、一九二〇年代末にブラジルで自らゴム園を経営することを選択したが、この判断は失敗だった。このような垂直統合の度合いに関する選択は、つきつめればあらゆる企業が下している、「バリューシステムのどこに位置を定めるか」に関する選択だ。

バリューシステムの下流で活動に関する選択を行なわなくてはならないこともある。自動車がまだ裕福な男たちの玩具《おもちゃ》だった一九二〇年代、ゼネラルモーターズ（ＧＭ）をはじめとする自動車メーカーは、顧客が掛けで車を買えるように消費者金融部門を開設した。信念の男ヘンリー・フォードは、売り掛けは倫理に反するという信条から、GMに追随することをかたくなに拒否した。一九三〇年になると自動車とトラックの七五%が「後払い」で購入され、かつて圧倒的だったフォードのシェアは大きく落ちこんだ。そんなわけでバリューチェーンを考える際には、自社の活動がサプライヤー、流通・販売チャネル、顧客の活動とどのような接点をもっているかを考えることが大切だ。こうした主体が活動をどのように行なうかが、自社のコストや価格に影響をおよぼすし、逆も同様である。

バリューチェーンも、経営者の口に上ることの多いポーターのフレームワークだ。おそらくほとんどの経営者は、バリューチェーンが何であるかは知っている。関連し合う活動の集合という概念は、直感的にわかりやすいからだ。だが多くの人は、「だから何なのか」がわかっていない。なぜバリューチェーンが重要なのだろう？　答えはこうだ。バリューチェーンは、企業を戦略的に意味のある活動に分解する強力なツールだ。そうすることで企業は自らの競争優位の源泉、つまり価格の引き上げまたはコストの低下をもたらす特定の活動（非営利組織なら、支援対象者にとっての価値を高めるか、支援にかかるコストを減らすような活動）に焦点をあてることができる。

バリューチェーン分析の主要なステップ

このツールの真価を知るには、実際に使ってみるのが一番だ。やり方を説明しよう。

図3-2　バリューチェーン：顧客価値を創造するための活動を組み合わせる

- 業界の活動は、上流／下流のどこまでおよぶのか？
- チェーンの各段階での主要な価値創造活動は何か？
- 同業他社のバリューチェーンを比較して、価格やコストにおける違いを理解する

1．まず業界のバリューチェーンを洗い出す。確立した業界には、業界内の大半の企業が行なう活動の範囲と順序を表す支配的な手法が、必ず一つ以上あるものだ。企業だけでなく、非営利組織にもある。業界のバリューチェーンとは、要は業界の一般的なビジネスモデル、価値を生み出す方法である（**図３-２**を参照のこと）。つまり業界の大多数の企業が、より大きなバリューシステムのなかに定めた「居場所」のことだ。

　業界の活動は上流のどこまでおよんでいるだろう？　業界は基礎研究を行なっているだろうか？　製品の設計、開発を行なっているか、また製造は？　主要なインプットにはどのようなものがあるだろうか？　それはどこから調達するのか？　業界の典型的な企業はどのようにしてマーケティング、販売、流通、配送を行なっているだろう？　金融やアフターサービスは、業界が顧客のために創出する価値に含まれるだろうか？

図 3-3　車いすの寄付：バリューチェーンの一例

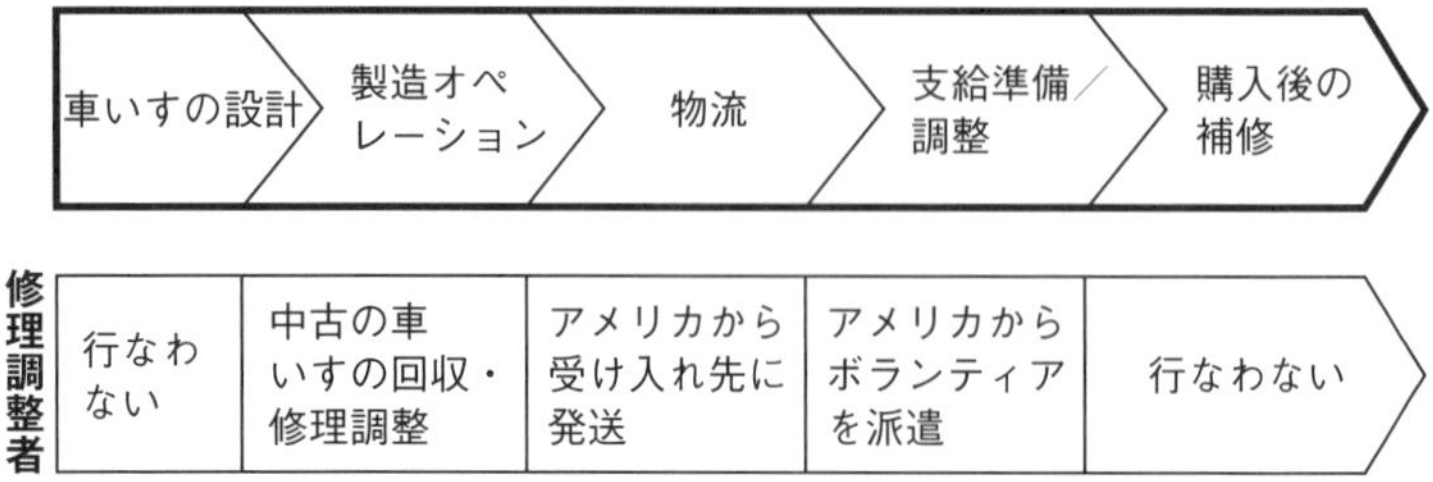

どの分類の活動が競争優位のカギを握るかは、業界によって異なる。大切なのは、業界固有の主要な価値創造活動を洗い出すことだ。複数のビジネスモデルが存在するときは、それぞれの一般的なバリューチェーンを明らかにしてから、競合企業ごとの違いを調べる。

2. 次に自社と業界のバリューチェーンを比較する。 ここで使ったテンプレートを利用するなどして、価値創造プロセス内の主要な段階をすべて図に表してみよう。話をわかりやすくするために、ここではより単純な非営利の世界の事例について考える。第4章ではもっと複雑なビジネスのバリューチェーンをいくつかとりあげる。このフレームワークは、どちらの世界にも同じくらいよくあてはまる。

　アメリカには途上国の障害者に車いすを提供する非営利組織がいくつかある。こうした組織の戦略のうちの一つを、「修理調整者」と呼ぼう。この戦略は**図3・3**に示すように、三つの主要な活動からなる。

◎製品調達：病院や個人、メーカーから寄付された中古の車いすを回収、修理調整する。
◎物流／配送：車いすを海外の受け入れ先に発送する。送られた車いすは現地の慈善団体や非政府組織（ＮＧＯ）によって、個人の利用者のもとに届けられる。
◎個別調整：車いすとともに主にボランティアからなる専門家を海外派遣し、車いすを受け取り手に合わせて一つひとつ調整する。体に合わない車いすは健康を損なうため、「支給準備」と呼ばれるこのサービスはとても重要だ。

私が「大口購入者」と名づけたさらに単純な戦略は、主要な活動はたった二つだ。資金を集めることと、必要最小限の標準的な車いすを中国の最も製造コストの安い車いすメーカーから大量に購入することだ。購入した車いすは、支給準備もその他の利用者サービスも行なわずに利用者に届けられる。この戦略で創造される価値は、バリューチェーン同様、必要最低限である（図３‐４を参照のこと）。設計、支給準備、補修に関わる価値は創造されない。

ホワールウィンド・ホイールチェア・インターナショナル（ＷＷＩ）は、また別の手法をとっている。そもそも創造する価値についての考え方が違うのだ。創設者ラルフ・ホチ

図 3-4　車いすの寄付：二つの相異なるバリューチェーン

	車いすの設計	製造オペレーション	物流	支給準備／調整	購入後の補修
修理調整者	行なわない	中古の車いすの回収・再生	アメリカから受け入れ先に発送	アメリカからボランティアを派遣	行なわない
大口購入者	行なわない	低コストの車いすの製造をアウトソーシングする	アジアのメーカーから受け入れ先に直接発送	行なわない	行なわない

図 3-5　車いすの寄付：三つの相異なるバリューチェーン

	車いすの設計	製造オペレーション	物流	支給準備／調整	購入後の補修
修理調整者	行なわない	中古の車いすの回収・再生	アメリカから受け入れ先に発送	アメリカからボランティアを派遣	行なわない
大口購入者	行なわない	低コストの車いすの製造をアウトソーシングする	アジアのメーカーから受け入れ先に直接発送	行なわない	行なわない
ホワールウィンド（WWI）	行なう	WWIが設計し、提携企業が製造する	地域メーカーが現地国のパートナー向けに発送	現地パートナーが支給準備・組立を行なう	支給準備・組立センターが部品供給、保守を行なう

キスは、大学生だった一九六六年に二輪車事故に遭い、下半身が麻痺してしまった。初めて車いすで外出したとき、歩道の割れ目にタイヤがはまって車いすが壊れた。エンジニアであり自転車職人でもあるホチキスは、以来四〇年にわたって車いすの設計改良にとりくみ続けてきた。自ら使うためだけでなく、道路状況が特に悪い途上国の人たちのためにである。彼の最も有名なデザインには、「ラフ・ライダー」という名がついている。ホワールウィンドのバリューチェーンを構成する活動について考えてみよう（**図3-5**）。

◎製品調達：「病院用のいす」とホチキスが呼ぶ、室内での移動にしか使えない車いすの寄付を募る代わりに、さらに上流にさかのぼって本当に動きやすいいすをつくることから始める。サンフランシスコ州立大学に拠点を置くデザイナー・チームが、車いす利用者の協力のもとに、彼らの生活に合い、現地での使用に耐える製品を設計する。バリューチェーンにユーザー参加型の設計を加えることで、より価値の高い製品を生み出している。

◎製造：ホワールウィンドは、アメリカ国外の地域メーカー数社と提携している。効率的な生産規模をもち、ホワールウィンドの品質水準を満たす技術力のあるメーカーを選ぶ。

◎流通：車いすは可能な限り平らに梱包して、最終利用国に発送する。これには輸送コストを半分に抑え、かつ受け入れ国での価値付加を可能にするというメリットがある。

現地パートナーの運営するセンターが最終組立と支給準備を行ない、長期的に車いすの保守を行なえるよう、予備の部品を保管する。この結果耐用年数を延ばすとともに、「修理調整者」の手法の大きな問題を解消することができた。アメリカから寄付された病院用の車いすは、部品が必要な場合修理がほとんど不可能なのだ。

ホワールウィンドはこのような活動の組み合わせを通して、ほかとは異なる種類の価値を、異なるコスト構成で生み出している。競合するバリューチェーンを並べて比較すると、このような違いが浮き彫りになる。自社のバリューチェーンが同業他社と区別がつかない場合、最高を目指す競争に終始していることになる。

3. 価格ドライバー、つまり差別化のカギを現在または将来握る活動に注目する。

自社は競合他社と同じ活動を異なるやり方で行なうか、競合企業がやらない活動を行なうことによって、顧客のために優れた価値を創造している、または創造できるだろうか？ こうした価値を、それと同等以上のコストをかけずに生み出せるだろうか？ 買い手価値はバリューチェーン全体のあらゆる部分から生まれる。ホワールウィンド・ホイールチェアのように、製品設計から生まれることもある。また使用するインプットの選択や、生産工程そのものから生まれることもある。この二つが、イン・エヌ・アウト・バーガーの成功のカギを握る。同社は二三〇以上の店舗をもつハンバーガー・チェーンで、ごく新鮮な食材だけを使って、限られたメニューをその場で調理している。またアップルストアを訪れた人ならわかるように、価値は顧客経験の提供から生まれることもあれば、アフターサービスから生まれることもある。どのアップルストアにも、顧客の技術的な質問に無料で答えてくれるジーニアス・バーがある。それにホワールウィンドの予備部品に関する方針も同様だ。顧客が法人であれ、一般消費者であれ、自社の活動がバリューシステム全体のなかで果たす役割を分析することが、買い手価値を理解するカギになるのだ。

4. コストドライバー、つまりコストに占める割合が高いか、高まっている活動に注目する。

自社の**相対的なコストポジション**（ＲＣＰ：Relative Cost Position）は、バリューチェーン内の一つひとつの活動を実行するコストによって構成される。自社と競合他社のコスト構造には、実質的または潜在的な違いがあるだろうか？　このとき難しいのは、各活動に伴うすべてのコストをできる限り正確に把握することだ。これには直接の事業コストや資産コストだけでなく、活動を行なうことで生じる間接コストも含まれる。*

＊活動基準原価計算（activity-based costing）は数十年前から存在する手法だが、正直なところ実行するのは難しい。現行の会計制度で得られるデータは、相対的コストを理解する役には立たない。競争優位の分析の詳細に関しては、本章の注釈を参照のこと。

これを把握するには、活動をやめたら具体的にどの間接コストを削減できるかを考えるとよい。

それぞれの活動がコスト優位にあるか劣位にあるかは、**コストドライバー**、つまり相対的コストに影響をおよぼす一連の要因によってきまる。相対的コスト分析の意義（「だから何なのか」）は、数字を徹底的に掘り下げ、改善のためにどんな行動をとれるかを明らかにして初めて、本当の意味で理解できる。本格的な事例をとりあげると、それだけで一章終わってしまいそうだ。そこで要点だけを大まかにつかんでもらうために、短い例について考えよう。

サウスウエスト航空はコスト優位を長年保ってきた。同社の有効座席マイルあたりコスト（CASM）は同業他社に比べて相対的に低い。その秘訣を理解するには、まずサウスウエストのすべての活動をリストアップし、それぞれにコストを割り振り、その結果を航空他社と比較する必要がある。ここでは便宜上、ゲートでの折り返し準備（ターンアラウンド）という一つの活動だけをとりあげる。サウスウエストはこの時間が競合他社に比べて短く、おかげで資産をより有効に利用できる。つまり航空機一機あたりコストと従業員一人あたりコストが、競合他社より低い。

ターンアラウンドが重要なコストドライバーだとわかったところで、次にもう一段階掘り下げ、ターンアラウンドに関わる多くの具体的な支援活動を分析する。このとき、顧客価値を損なわずにコストを下げる方法がないか考えてみよう。これこそが、自社と競合他社の業績の間に、さらに大きなくさびを打ちこむ方法なのだ。たとえば航空機は着陸後トイレを排水する必要がある。このためにある装置を配電盤につながなくてはならないのだが、そのために地上勤務員のほかの作業が妨げられていることがわかった。サウスウエストは問題解決を図るために、サプライヤーであるボーイングに掛け合って、新型七三七‐三〇〇型機では配電盤の位置を変えてもらった。

サウスウエストの例が示すように、コストドライバーを探りあてるのは、創造力と厳密な分析が求められる、犯罪捜査のような作業だ。安易な道は、業界に昔からある考え方を鵜呑みにすることだ。たとえば一九九〇年代にはほとんどの自動車メーカーが、規模こそが最も決定的なコストドライバーだと盲目的に信じ、最低でも年間四〇〇万台の自動車を販売しなければコストに押しつぶされると考えていた。業界には合併の嵐が吹き荒れたが、いまではそのほとんどが解消されている。

自動車業界で規模がものをいうのはいうまでもない。だがコストドライバーをさらに深いところまで理解することが重要だ。たとえばホンダは自動車メーカーとしては相対的に規模が小さい。これだけをとって、ホンダはコスト劣位にあると思う人がいるかもしれない。だがホンダは世界最大の二輪車メーカーであり、全体として見れば世界屈指のエンジンメーカーだ。エンジンは自動車のコストの約一〇％を占める。ホンダはエンジンの開発コストをすべての製品ラインで分担できるため、範囲の優位性が規模の不足を相殺する。さらにいえば、ホンダはエンジン開発に注力することで差別化を図り、それが同社の価格方針を支えているのだ。

column

自社には本当に競争優位があるのだろうか？まず定量化し、次いで分解する

1. 自社の各事業の長期的な収益性は、経済全体の平均に比べてどうだろうか？　アメリカの全企業の一九九二年から二〇〇六年までの株主資本利益率（支払金利前税引前利益《EBIT》を、平均投下資本から余剰資金を引いた値で割ったもの）は、景気循環によって多少変動はあったものの、平均すると一四・九％だった。自社のリターンはこれを上回るだろうか、下回るだろうか？　もし上回るなら何かが自社の有利にはたらいており、下回るなら何かがうまくいっていないという証拠だ。どちらの場合も、根本原因を徹底的に究明しよう。

2. 次に自社の業績を業界平均と比べる。過去五年ないし一〇年の期間で比較する。収益

性は天候のようなごく一時的な要因を含む、さまざまな要因に左右されるため、長めの対象期間、できれば業界の投資周期に見合った時間軸を設定しよう。これで自社に競争優位があるかどうかがわかる。

たとえばA社の利益率が一五%、これに対して全国標準が一三%、業界標準が一〇%だとしよう。業界構造を分析すれば、なぜ業界全体の利益率が全国平均を三%も下回っているのかが解明できる。だがA社は業界平均を五%も上回る優れた業績をあげており、このことから同社に競争優位があることがわかる。したがってこの場合、A社は戦略には問題がないが、厳しい業界構造に対処する必要がある。この二つの収益性の源泉を区別することがとても重要だ。なぜなら、業界構造に影響をおよぼす要因と、相対的なポジションを左右する要因はまったく別物だからだ。自社の利益業績の源泉を理解しない限り、戦略的に収益をあげることはできない。

3. 続いて自社事業の業績がなぜ業界平均を上回る、または下回るのか、その理由を理解するために、さらに掘り下げて考える。自社の業績と業界平均との差を、相対的価格と相対的コストの二つの要素に分解しよう。相対的価格と相対的コストは、戦略と業績を理解するためのカギだ。

この例ではA社は平均的な競合企業より五%高いリターンをあげた。A社の実現価格（値引や割引を調整した価格）は業界平均を八％も上回っていた。A社はこのプレミアム価格を要求するために、支出を増やさなければならず、相対的コストは業界平均より三％ポイント高かった。これがA社の業界平均を五％上回るリターンを説明する。

4. さらに掘り下げる。価格面では、全体的な価格プレミアム（または価格ディスカウント）を、特定の製品ライン、顧客、地理的地域における違いや、定価と値引価格の差にまでたどれるかもしれない。コスト面では、コスト優位（劣位）を業務コストによるもの（損益計算書）と資本運用によるもの（貸借対照表）に分解すると、多くの示唆が得られることが多い。

これらの基本的な経済的関係が、企業の業績と戦略の根幹をなしている。戦略とは、こうした根本的な収益性の決定要因に影響を与えようとするものだ。

バリューチェーンは、ポーターが『競争優位の戦略』のなかで初めてくわしく説明した概念である。この概念は、経営者の世界観を変えたといっても過言ではない。バリューチェーンの考え方がどれほど大きなインパクトを与えたかを考えてみよう。

第一に、一つひとつの活動を、単なるコストとしてではなく、最終製品・サービスに何らかの価値を加えるべき段階としてとらえるようになる。組織はこの観点を得たことで、やがて自らの事業を従来とはまったく違う方法で定義するようになった。たとえば三五年前には、株式を売買するには高い手数料をとる証券仲介業者を通すしかなかった。一つのやり方が全員に、少なくとも経済的な余裕があるすべての顧客にあてはまると考えられた。証券業とはそういうものだと、誰もがそう思っていた。

一つひとつの活動を、単なるコストとしてではなく、最終製品・サービスに何らかの価値を加えるべき段階としてとらえるようになる。

だが事業を価値創造活動の集合ととらえると、何が変わるだろう？　この仲介業者を支えているのは、証券の調査・分析から、取引の実行、月次報告書の送付に至る、完全に統合された一連の活動だとわかる。これらすべての活動のコストは、手数料の価格に織りこまれている。チャールズ・シュワブは、これとはまったく異なるバリューチェーンをもとに、自らの名前を冠した証券会社そしてディスカウント証券会社という新しいカテゴリーを生み出した。顧客は全員が全員、投資に関するアドバイスを求めているわけではいないのに、なぜその対価を一律で支払わされるのだろう？　アドバイスの提供に必要な活動をすべてとり去り、代わりに注文の実行に的を絞れば、違う種類の価値を創造できる。注文実行を格安で提供することで、より広い顧客層に株式所有への道を開くことができる。バリューチェーン——企業の内部で行なわれる活動——を、顧客の定義する価値に合わせることは、いまではあたりまえのように行なわれているが、つい二五年前は斬新な考え方だった。

　バリューチェーンの考え方がおよぼす二つめの大きな影響は、自社の組織と活動の向こうに目を向け、自社がほかの企業を含むより大きなバリューシステムの一部だという認識をもつようになることだ。たとえばマクドナルドがやったように、世界中どこで食べても同じ完璧なフライドポテトをウリにファストフード事業を築くなら、仕入れ先のジャガイモ農家が適切な貯蔵設備をもっていないことを顧客へのいいわけにはできない。誰の責任かなど、顧客の知ったことではない。彼らが気にするのは、自分の食べるポテトの品質だけだ。したがってマクドナルドは、仕入れ先のすべてのジャガイモ農家に、自社の基準を何らかの方法で確実にクリアさせるために、特定の活動を行なう必要がある。

　またバリューシステムのすべての参加者が、より大きな価値創造プロセスのなかで自らの担う役割をしっかり理解しなくてはならない。最終的なエンドユーザーに製品・サービスを提供する参加者だけでなく、そこから一、二段階離れた参加者も含めたすべてだ。ワイン愛飲家なら、上等のワインを空けて客人のグラスに注いだときコルク臭がしたらどんなに腹立たしい気もちになるかわかるだろう。ブショネ《腐敗臭》のせいで、ワインの風味が損なわれてしまうのだ。一九九〇年代に、この問題はワインメーカーと販売業者にとって無視できないほどになった。彼らはコルクメーカーに対処を求めた。高級品の価値が安い汎用品のせいで台無しになるのは避けたい。

コルクは主にポルトガルなど地中海沿岸諸国の木からつくられ、数十年どころか数百年の間、ワインの栓としてほぼ独占的な地位を謳歌してきた。そんなわけでコルクメーカーの対応が鈍かったのも無理はない。コルクメーカーの技術は、コルクガシの木を傷めずに樹皮だけをはいでコルクに加工することにあった。彼らは職人であり、化学者ではなく根っからの農夫だった。

このことが、ノマコルクなどのプラスチックメーカーにつけいる隙を与えた。ノマコルクはバリューチェーンの構成上、ワイン汚染が起きるしくみとその解決法に関する研究を容易に行なうことができた。伝統的なコルクメーカーが古い考え方（「コルクを売るのが商売だ」）に固執したのに対し、プラスチックメーカーはより大きな価値創造プロセスの一翼を担う方法を見てとった。二〇〇九年までに、ノマコルクはノースカロライナ州の無人化工場で一月あたり約一億六〇〇〇万個のプラスチック栓を量産しており、合成コルクはワイン栓市場の二〇％のシェアを獲得していた。

バリューチェーンの相互依存性という考え方は、非常に大きな意味合いをもっている。戦略にとって、境界線（企業と顧客、企業とサプライヤー、取引先間などの境界線）を越えた経営管理は、場合によっては社内の経営管理と同じくらい重要である。経営者にとって、ポーターのバリューチェーンの概念を用いるのは、初めて顕微鏡を覗いたときのような体験だった。それまで目に入らなかったさまざまな関係が、突然見えるようになったのだ。

企業の相対的コストと相対的価値の分析に、バリューチェーンは画期的転換をもたらした。バリューチェーンは、コストを生じ買い手価値を生み出す特定の活動に焦点をあてる。経営者は組織のスキルや能力が価値をもたらすと考えがちだが、現実に価値を生み出すのは活動なのだ。たしかにノマコルクは化学の分野で、経営者が「コアコンピタンス」と呼ぶものをもっていた。だがワイン市場での成功を導いたのは、この能力をワイン栓の設計、製造法を改善する活動に活用するという決断だったのだ。

競争優位を実現するにはどうすればよいか？

さてこうして競争優位の完全な定義が得られた。競争優位とは、企業が実行する**活動の違いから生じる、相対的価格または相対的コストの違い**をいう（図3-6を参照のこと）。競争優位を実現した企業は、活動がほかと違っているはずだ。活動の違いには、二種類の形態がある。

図 3-6　競争優位を生み出すのは企業のバリューチェーン内の活動である

活動	ライバルと**同じ**活動をより優れて行なう	ライバルと**異なる**活動を行なう
生み出される価値	同じニーズをより低いコストで満たす	異なるニーズを満たすか、同じニーズをより低いコストで満たす、またはその両方
優位性	コスト優位性、ただし維持するのが難しい	高価格か低コスト、またはその両方を維持
競争	**最高**を目指す競争、**実行**で勝負する	**独自性**を目指す競争、**戦略**で勝負する

他社と同じ組み合わせの活動を他社より優れて実行しているか、他社と異なる活動の組み合わせを選択しているかだ。もちろんここまで読んできたあなたには、一つめの手法が最高を目指す競争だということはお見通しだろう。そしてこの手法がなぜ競争優位を生み出す見こみが低いのか、その理由もわかっているはずだ。

ポーターは、企業が類似の活動を競合他社よりも優れて行なう能力を、**業務効果**（OE：Operational Effectiveness）と呼ぶ。一般には「ベストプラクティス」や「**実行**《エグゼキューション》」と呼ばれるものだ。何と呼ぶにせよ、企業が経営資源をより有効に活用するのを助ける、さまざまな実践のことだ。重要なのは、**業務効果と戦略を混同しないこと**だ。

何よりもまず、業務効果の差はどこにでも見られることを頭に入れておこう。たとえばサービスの不手際を減らす、在庫を切らさない、人材流出を防ぐ、廃棄物を減らすといったことを他社よりうまくやる企業がある。このような違いは、企業間の収益性の違いを生む重要な源泉になることがある。

だが業務効果を高めるだけでは、堅牢な競争優位は得られない。「ベストプラクティス」の優位が持続することはめったにないからだ。新しいベストプラクティスを確立したとたん、競合他社に模倣される。この種の模倣合戦は、過当競争《ハイパーコンペティション》と呼ばれることもある。ベストプラクティスはビジネスメディアの助けを借りて、またベンチマーキングや品質／継続的改善計画をもとに一大業界を築いたコンサルタントを通じて、またたく間に広まる。解決策は一般的なものであればあるほど、つまり多くの企業や業界の状況にあてはまるものほど、急速に広まる（まだＴＱＭ〔総合的品質管理手法〕の洗礼を受けていない業界があるだろうか？）。

こういった計画には有無を言わせない魅力がある。経営者は社内に最新のベストプラクティスを導入し、目に見える改善を実現することで報酬を得る。だがこれにとらわれるあまり、社外のより大きな流れを見失うことも多いのだ。ベストプラクティスで競い合うことは、実質的に全参加者のハードルを上げることになる。業務効果は絶対的に向上するが、誰も相対的向上を実現できない。このようにベストプラクティスは必然的に広まり、その結果誰もが現状を維持するだけのために、ますます速く走らなくてはならなくなる。

実行をないがしろにして永らえる企業はない。非効率は、どんなに特徴的でどんなに大きな価値を秘めた戦略さえだめにしてしまう。だが競合他社と同じ活動を行ないながら競争優位を――つまり価格またはコストにおける持続可能な違いを――を実現できると思うのは大間違いだ。たとえば業務効果にかけては、日本企業の右に出るものはない。だがポーターの研究にくわしく述べられているように、業務効果での競争にとらわれたせいで、最も優れた日本企業でさえもが慢性的に低い収益性に悩まされているのだ。

既存企業同士の競争は、いってしまえば相対的価格と相対的コストの違いを維持する企業の能力を損なうプロセスだ。最高を目指す競争は、まるで巨大な地ならし機のようにこのプロセスを加速させる。これからの四章で、独自の活動の組み合わせをもとにした戦略が、どのようにして競争優位を獲得、持続させるかを見ていこう。戦略は、既存企業間の競争に対する解毒剤なのだ。

column

競争優位の経済原理

◎株主価値、売上高利益率（ROS）、成長、市場シェアといった、よく使われる評価指標は、戦略を誤り導くおそれがある。戦略の目標は投下した経営資源に対して卓越した収益をあげることであり、それを最もよく表す指標が、投下資本利益率（ROIC）である。

◎競争優位の本質は、ライバル企業を下すことではなく、卓越した価値を生み出すことにあり、買い手価値とコストの間に、競合他社よりも大きなくさびを打ちこむことにある。

◎競争優位をもつ企業は、同業他社より高い相対的価格か、低い相対的コスト、またはその両方を維持できる。競争優位は必ず損益計算書に反映される。

◎非営利組織にとっての競争優位は、投資した一ドル一ドルで社会のためにより多くの価値を生み出すか（高価格に相当）、同等の価値をより少ない資源で生み出す（低コストに相当）ことを意味する。

◎相対的価格と相対的コストの違いは、つきつめれば企業が行なう活動までたどることができる。

◎企業のバリューチェーンは、その企業が行なうすべての価値創造活動とコスト発生活動の集合である。活動と、その活動が埋めこまれているバリューチェーン全体が、競争優位の基本単位である。

II

戦略とは何か？

どんな計画やプログラムも、「戦略」と呼ぶことはできる。実際ほとんどの人がそんなふうにこの用語を使っている。だが優れた戦略、優れた経済実績をもたらす戦略となると、話は別だ。ざっとおさらいすると、競争優位をもっているとは、顧客のために価値を創造し、かつ業界内で有利なポジションを選択したために、利益をむしばむ五つの競争要因の影響からうまく身を守り、価値を獲得することができる状態をいう。簡単にいえば、ほかと違う存在になることによって、よりよい業績をあげる方法を見つけたということだ。

ポーターによる戦略の定義は、記述的ではなく規範的な定義だ。すなわち、良い戦略と悪しき戦略とを区別する定義である。ポーターはプロセスではなく、内容に注目する。どこにいたいかに焦点をあてる。彼の関心はそこに至った意思決定のプロセスにはないし、ましてや正式な戦略プランニングをどのようにやるのか、やるべきかどうかにも、戦略を五〇語やそこらでまとめることにもない。

戦略研究者は一般に、こうしたプロセスや人材に関わるまっとうで重要な問題を追求してきた。しかしポーターは、月並みな戦略用語でいえば「基軸を離れずに」やってきた。その基軸とは、競争優位を生み出し持続させるための一般原則である。

第Ⅱ部では、優れた戦略が満たすべき五つの条件を網羅する。五つの条件とは以下の通り。

◎特徴ある価値提案
◎特別に調整されたバリューチェーン
◎ライバル企業とは異なるトレードオフ
◎バリューチェーン全体の適合性（フィット）
◎長期にわたる継続性

五つの条件がどのように戦略に寄与するのか、また持続させるのかを見ていこう。

第4章 価値創造

——戦略の核

戦略の第一の条件、「**特徴ある価値提案**」はごくわかりやすいため、これさえクリアできれば優れた戦略をもてると考える経営者が多い。たしかに顧客にどのような価値を提供するかを選択することが、独自性を目指す競争の核にある。だが競争優位の定義を思い出してほしい。企業が実行する活動の違いがもたらす相対的価格または相対的コストの違いだ。つまり自ら選択した価値提案を実現できるように、バリューチェーンを特別に調整する必要があるということだ。**特別に調整された《テイラード》バリューチェーンがなくても効果的に実現できる価値提案は、持続可能な競争優位を生み出さない**。この特別に調整されたバリューチェーンが第二の条件となる。この条件は明らかでもなければ、わかりやすくもない。

これら戦略の核となる二つの要素はどのように連携し合うのか、また業界構造や競争優位とどのように関連するのか。これが本章のテーマである。戦略とは独自の価値の組み合わせを提供するために、他社とは異なる一連の活動を意図的に選択することをいう。あらゆる競合企業がまったく同じように製造、流通、サービスなどを行なっている状態は、ポーターのいう最高を目指す競争であって、戦略による競争ではない。

第一の条件：特徴ある価値提案

価値提案は、戦略をつくる要素のうち、社外の顧客に、つまりビジネスの需要サイドに目を向ける要素である。価値提案は、どのような価値を提供するかという、企業が意識的にであれ無意識にであれ下した選択を反映している。ポーターは価値提案を、次の三つの根本的な質問に対する答えと定義する（**図４・１**を参照のこと）。

◎どの顧客を対象とするのか？
◎どのニーズを満たすのか？
◎相対的価格をどのように設定すれば、顧客にしかるべき価値を提供しつつ、しかるべき収益性を実現できるだろうか？

価値提案は、戦略をつくる要素のうち、社外の顧客に、つまりビジネスの需要サイドに目を向ける要素である。これに対してバリューチェーンは社内の業務に焦点をあてる。このように戦略には、事業の需要サイドと供給サイドを一つにまとめるという、統合的な性質がある。

この定義には、ポーターがＨＢＲ誌上で「戦略の本質」を発表した一九九六年以来、彼の考えがどのように発展してきたか、その変遷が表れている。ポーターはこの論文で、ポジショニングの基準としてバラエティ（種類）、ニーズ、アクセスの三つをあげた。そしてその後の研究で、これから説明するより完成された定義に到達し、ここ一〇年の講演や講義でくわしく解説している。

どの顧客か？

一般にどんな業界内にも、特徴ある顧客グループや顧客セグメントが複数存在する。価値提案は、こうしたセグメントの一つまたは複数に、特に焦点をあてるものであってもいい。また価値提案のなかには、顧客を選択することを出発点とするものもある。この選択が、続いて三角形の残りの二角であるニーズと相対的価格を直接導く。

図4-1　価値提案は３つの質問に答える

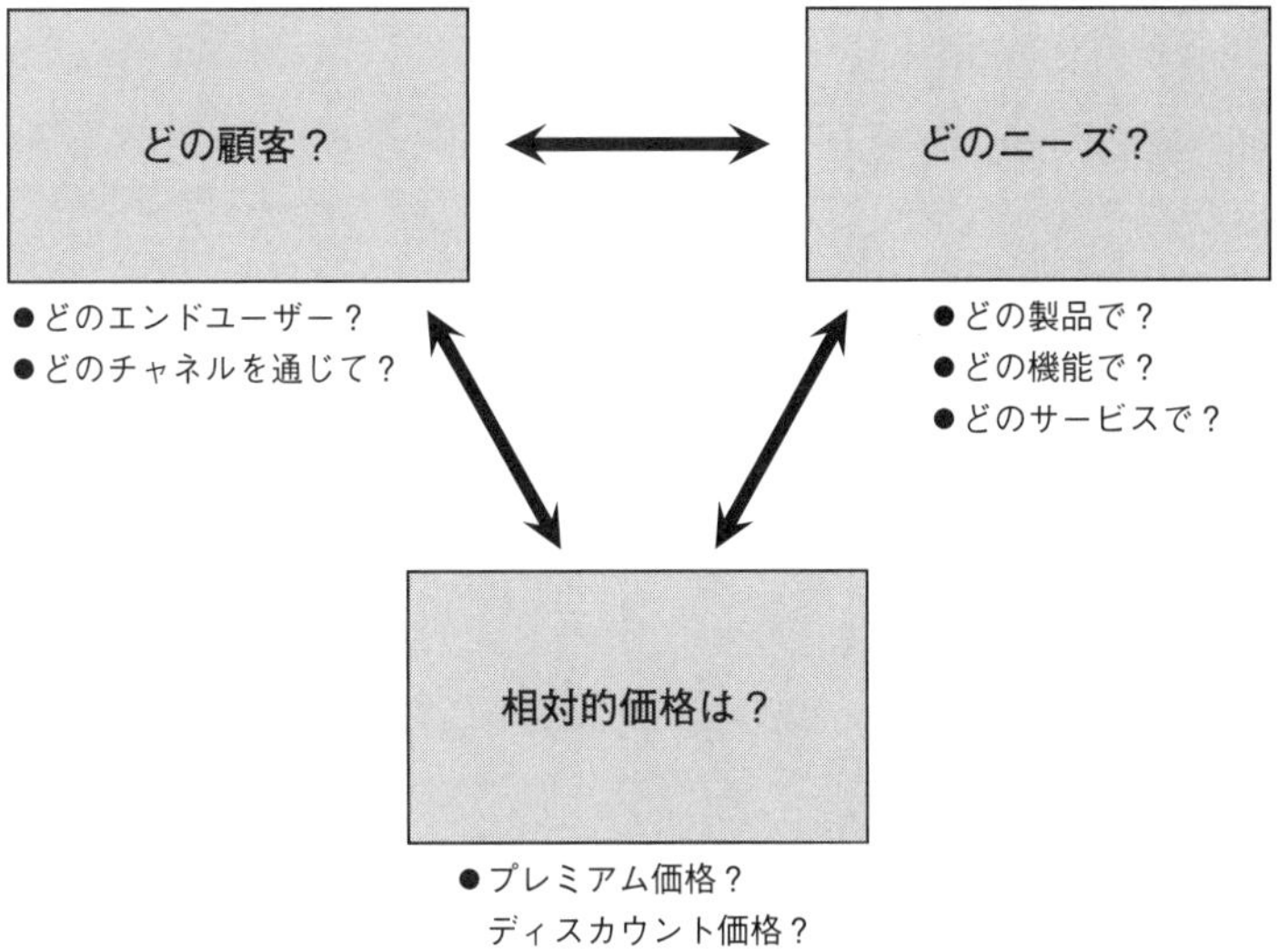

顧客セグメンテーションは、きちんとした業界分析ではたいてい行なわれる。対象とする顧客の選択は、五つの競争要因に対してポジショニングを選択する際の重要なよりどころになる。これからとりあげる事例では、それぞれ異なる基盤をもとにセグメンテーションが行なわれた。ウォルマートは地理、プログレッシブは人口統計学、エドワード・ジョーンズは心理学的属性だ。

ウォルマートが年商四〇〇〇億ドルを超える世界最大の小売業者であることを考えると、同社がどのセグメントを対象としているかを問うのは無意味に思えるかもしれない。だがどんな巨大企業もそうであるように、ウォルマートも小さな会社として始まり、どこで商売を始めるかを選択しなくてはならなかった。そしてこのとき特定の顧客グループを対象としたことで、業界に足がかりを築いたのだ。ウォルマートが営業を開始した一九六〇年代、ディスカウント小売業は新しい破壊的なビジネスモデルだった。先発企業はニューヨークなどの大都市や大都市圏を中心に展開していたが、ウォルマートはほかとは違うことをした。人口五〇〇〇人から二万五〇〇〇人までの辺鄙《へんぴ》な田舎町を選択したのだ。ウォルマートの「主要戦略」は、創設者サム・ウォルトンの言葉を借りれば「誰もが無視するようなちっぽけな町に、かなり大きな店を開く」ことだった。

五つの競争要因に照らしていえば、ウォルマートはこの顧客層を選択したことで、ライバルのディスカウント業者との直接対決を避けることができた。ウォルマートはいまでこそ果敢に競争に挑む企業というイメージがあるが、もとは直接対決を完全に回避するという選択から始まった。そうしたからこそ何年ものゆったり息をする時間を得ることができ、これを利用して毎日特売価格を提供する企業というポジショニングを確立し、増強することができたのだ。

オハイオ州に本社を置く自動車保険会社プログレッシブも、業界で敬遠されがちな顧客を中心に戦略を構築した。プログレッシブはいわゆる「標準外」のドライバー、つまり事故を起こして保険を請求する確率が高いドライバー（たとえばオートバイ保有者や、飲酒運転歴のある自動車ドライバーなど）を対象とすることで、三〇年近くにわたって発展を続けてきた。標準外の顧客（買い手）は、選択の余地があまりないため、交渉力が弱い場合が多いのだ。

三つめの例として、資産管理業界ではほとんどの企業が個人富裕層という、同じ人口統計学的セグメントを追求している。だがエドワード・ジョーンズは違う。同社は長年にわたって大きな成功を収めているアメリカの証券会社である。過去三〇年間、資産保有額ではなく、投資スタンスで選んだ顧客層に照準を合わせてきた。それは保守的な投資スタンスをとり、信頼できるアドバイザーに投資判断を一任する顧客層だ。五つの競争要因から見たこの顧客セグメントは、価格感度が低く、忠誠心が高い。

これらの価値提案はよくあるように、業界で見過ごされていた、または避けられていた顧客グループに焦点をあてた。だが肝心なのはそこではない。たとえば同じ保険業界でも、USAAは低リスクの顧客層に焦点を絞った価値提案を通して、めざましい業績をあげている。重要なのは、自らの選択した顧客セグメントに利益をあげながら対応する独自の方法を見つけることなのだ。

どのニーズ？

どのニーズを満たすかという選択は、価値提案の三角形の残りの二角を導く重要な決定であることが多い。この場合、戦略は特定のニーズ（またはその一部）を満たす独自能力を中心として構築される。この能力は、製品・サービスに固有の機能に備わっていることが多い。ニーズに基づく価値提案は、往々にして従来型のセグメンテーションにあてはまらない、多種多様な顧客を引きつける。彼らは明確な人口統計学的カテゴリーに属さず、ある時期に同じニーズ

（または一連のニーズ）を共有する顧客として定義される。

ニーズに基づく価値提案は、往々にして人口統計学をもとにした従来型のセグメンテーションにあてはまらない、多種多様な顧客を引きつける。

エンタープライズ・レンタカーは北米レンタカー業界の市場リーダーであり、かつて市場を支配していたハーツやエイビスを上回るシェアを占めている。それにエンタープライズの方がはるかに収益性が高い。数十年前から特徴ある戦略を追求してきたことが功を奏して、業界で大手としては唯一高業績を持続させている。

エンタープライズの価値提案は、単純な洞察をもとにしている。それは、顧客は時と場合によって異なるニーズを満たすためにレンタカーを借りるということだ。同業のハーツやその追随企業は、旅行者を中心に事業を築いた。つまり、地元を離れて出張や旅行をしている人たちだ。しかしエンタープライズは、レンタル客の大きな少数派、四〇から四五%が、地元でレンタカーを使っていることに気がついた。たとえば車が盗難に遭ったり事故で壊れたりすると、レンタカーが必要になる。こうしたケースでは保険会社が費用を負担することがあり、一般に契約に補償金額の上限が定められている。エンタープライズは売上の約三分の一を保険会社か

図4-2　ポジショニング・マップ

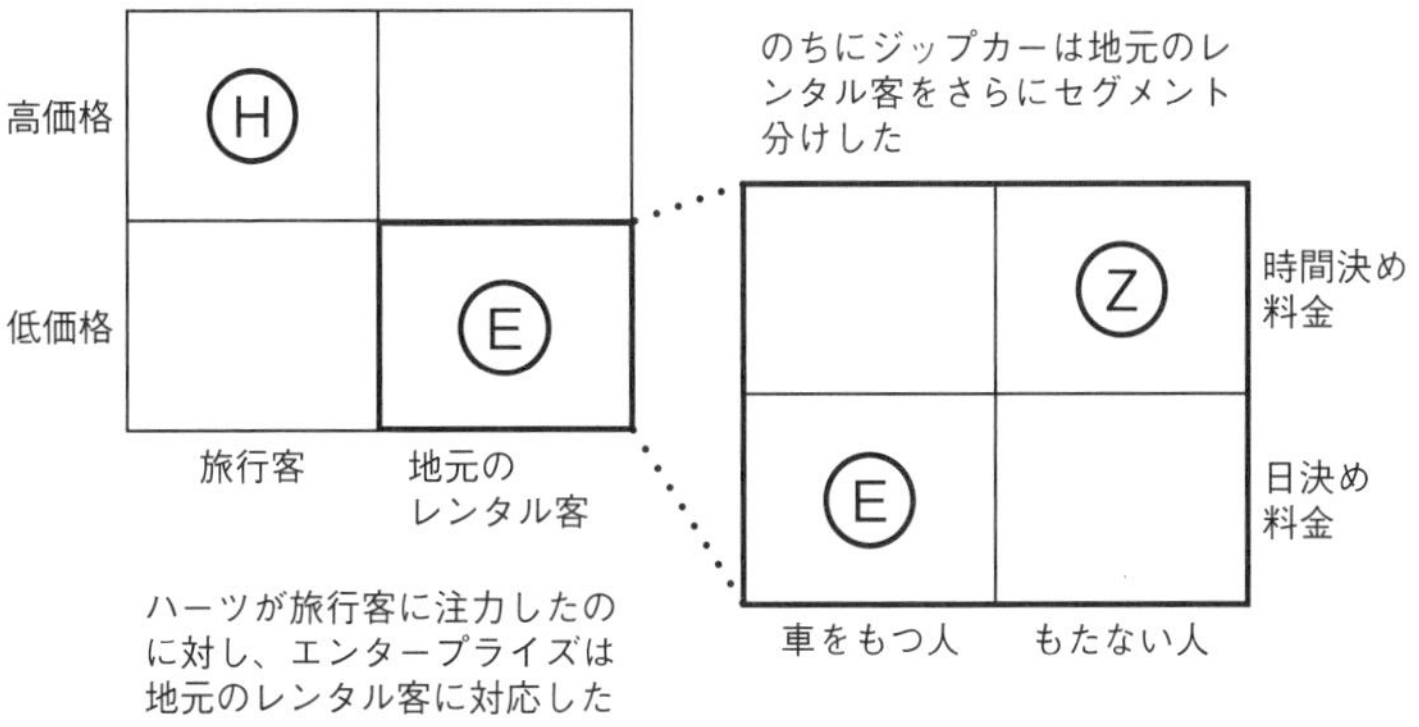

ら得ている。そのほか地元でレンタカーを借りるのは、車が故障したときや、子どもが休暇で帰省したときなどだ。地元のレンタル客は用途にかかわらず、ビジネス客や旅行客より価格感度が高い傾向にある。

エンタープライズはこのようなニーズを満たすために、独自の価値提案を考案した。料金が手頃で利便性の高い地元でのカーレンタルだ。エンタープライズはハーツやエイビスとは異なるニーズを、異なる相対的価格で満たすことを選択した。エンタープライズが最高のレンタカー会社だというのではない。それに同社が対象とする市場が、本質的に有利なわけでもない。エンタープライズは特定のニーズから始めて、価値提案の三角形の三つの角で異なる選択を行なった。エンタープライズの顧客基盤は、人口統計学的な特徴による従来型の市場セグメンテーションにはあてはまらない。

他方、マサチューセッツ州ケンブリッジで二〇〇〇年に開業したジップカーは、地元でのカーレンタルで、異なる道筋をたどりながら独自性を目指している。同社の価値提案は、異なるニーズをもった別の顧客層を対象としている（**図4－2**を参照のこと）。ジップスターと呼ばれる会員の多くは、あえて車はもたないが、時々使う必要が生じる人たちだ。ジップカーは最短一時間から利用できる。

ジップカーが提供する価値の組み合わせは、興味深く複雑だ。このうえなく便利な車のピックアップと返却、きわめて柔軟なレンタル期間、保険やガソリン代など全込みの明朗な料金、そして急成長中のブランド特有のどことなく「クール」なイメージ。さらにいえば、同社はまだ初期の発展途上段階にあるため、今後も価値提案の境界線に挑戦し、学習を重ねながら軌道修正を図っていくものと思われる。

相対的価格をどうするか？

価値提案のなかには、価格を三角形の主な角とするものもある。また業界の製品によってニーズを過剰に満たされている（つまり割高な価格を支払わされている）顧客をターゲットに据えるものもある。企業は不要なコストを削減し、「必要にして十分な」ニーズを満たすことで、こうした顧客を獲得できる。たとえば製品レベルなら、余分な機能を省いた必要最低限の携帯電話と、機能満載の高価なスマートフォンがどう違うか、考えてみてほしい。顧客がニーズを過剰に満たされているとき、低い相対的価格が最も重要な角になることが多い。

逆に、業界の一般的な製品・サービスではニーズが十分に満たされない（つまり割安な価格を支払っている）顧客をターゲットに据える価値提案もある。たとえば大手航空会社のファーストクラスに乗る代わりにネットジェットのチャーター機を選ぶ顧客は、充実したサービスを求め、それに対して高額のプレミアム料金を支払う意思がある。同様にデンマークのバング＆オルフセン（Ｂ＆Ｏ）は、ほかの高級オーディオ機器メーカーが提供するすばらしい音質以上のものを顧客に与えている。Ｂ＆Ｏの顧客は音質と同じくらい見た目のよい製品を求め、美しいデザインにより多くの金を支払うことを厭わない。Ｂ＆Ｏのような価値提案では、満たされないニーズが三角形の最も重要な角になり、高い相対的価格が、ニーズを満たすためにかかる余分なコストを賄っている。

ニーズが過剰に満たされるとき：サウスウエスト　サウスウエスト航空では、同社の誕生のいきさつがこんなふうに語り継がれている。一九六〇年代末のこと、二人の男が話し合った。「名案があるぞ。航空会社というものは、大金をとるうえ、日に数便しかフライトを飛ばさない。ほんの数ドルの料金で、毎日たくさんの便を飛ばす航空会社を始めたらどうだろう？」

一言でいえば、これがサウスウエスト航空の価値提案だ。つまり格安料金と、このうえなく利便性の高いサービスの組み合わせである。

世界で最も成功している——そして最も手本とされることの多い——航空会社であるサウス

ウエスト航空は、「必要にして十分な」ニーズを劇的な低料金で満たすことで成功を遂げている。一九七一年、テキサス州の三都市間だけを結ぶ小さな航空会社として始まったサウスウエストは、いまでは規模においても収益性においても世界有数の航空会社である。これは、ほかの航空会社と根本的に異なる価値提案を三〇年間追求してきた成果なのだ。

サウスウエストはほかの航空会社のように、顧客をあらゆる目的地に運ぶことをウリにしなかった。それに、かつて業界標準だった機内食や座席指定、乗り継ぎ客の荷物の移送といった基本的なサービスも提供しなかった。フルサービスの航空会社（もはや従来型の航空会社を正確に説明する言葉ではなくなってしまったようだが）は割高なコストをかけ、割高な料金を徴収して、旅行客のニーズを過剰に満たしていた。サウスウエストの都市間を直接結ぶ短距離フライトは、こうした多くの顧客を獲得したのだ。

サウスウエストはこの価値提案のおかげで、五つの競争要因に対して独自のポジションを築くことができた。周知の通り、航空業界は耐えがたいほど過酷な業界だ。

◎強力なサプライヤー。特に労働組合が強力だが、航空機メーカーも力が強い。
◎強力な顧客。価格感度が高く、スイッチングコストが低い。
◎競合企業間の熾烈な競争。高い固定費を賄うために座席を埋めようとして価格で競争する。
◎新規参入者の脅威がつねに存在する。参入障壁は意外に低く、リース機が二機もあれば航空会社を始められる。

◎代替品が価格を抑えている。顧客は特に短距離フライトではほかの移動手段を選べる。

低い相対的コストは、同社が業界の自己破壊的な価格競争から身を守るシェルターになった。そのうえ先に述べた価値提案のおかげで、第五の競争要因である代替品に対して独自のポジションを築くことができた。格安料金によって、車やバスでの旅行に慣れた価格感度の高い旅行客にとっても、空の旅が魅力的な選択肢になった。創設間もない頃、ある株主がCEOのハーブ・ケレハーに、ダラス‐サンアントニオ便の一五ドルという料金は、ライバルのブラニフ航空〔一九八二年に破産、廃業〕の六二ドルに比べればはるかに安いのだから、数ドルくらい値上げしたって構わないだろうといった。ケレハーの答えはノーだった。真の競争相手は航空他社ではなく、陸上交通機関なのだからと。

サウスウエストが当初のダラス、ヒューストン、サンアントニオの三都市から、初めて路線を拡大したときのことを考えてみよう。同社が選んだのはテキサス州ハーリンゲンという、リオグランデ渓谷の誰も聞いたことのないような町だった。サウスウエストがハーリンゲンに就航を開始する前年、リオグランデ渓谷とサウスウエストが拠点とする三都市間を飛行機で移動した乗客は一二万三〇〇〇人だった。就航後、乗客数は三二万五〇〇〇人にまで跳ねあがった。

それに価格だけがすべてではない。サウスウエストは利便性でも勝《まさ》っていた。第一に便数が多いため、顧客はいつでも好きなときに旅立てる。第二に、フライトは定刻に到着し、チケットカウンターで長い行列に並ぶ必要もない。第三に、サウスウエストの戦略のカギとなった二次的空港は、街の中心部に近いため、総旅行時間が短くなった。ビジネス客にとっては、こうした利便性の要素がきめ手となった。

サウスウエストは価値提案のすべての要素を、創設当初から構想していたわけではない。そんな企業はまずない。実践を通じて学習していったのだ。これが現実にどのようにして起きるかがよくわかる、典型的な例を紹介しよう。一九七一年頃、サウスウエストでは定期点検のため、週末ごとにヒューストンからダラスに航空機一機を送ることになっていた。当時のCEOラマー・ミューズは、空《から》の飛行機を飛ばすのはもったいないと考えた。少しの収入でもないよりはましだ。そこで金曜の夜便を一〇ドルという、この路線の通常料金の半額で売り出した。この便は大人気となり、苦戦していた新興企業に嬉しい余分の現金をもたらした。

サウスウエストが得たのは現金だけではない。それ以上に役立ったのが自社の顧客に関する洞察であり、これが形勢を一変させた。同社の顧客には、ほかの顧客と比べて明らかに価格感度が高く時間感度が低いセグメントがあったのだ。ミューズは直ちに行動を起こし、ピーク時の運賃を二六ドルに値上げし、オフピーク時を一三ドルに値下げした。多重価格制は、いまでこそ業界ではあたりまえの慣行になっているが、当時は大きな革新だった。サウスウエストはこれによって顧客をさらにセグメント分けし、座席を埋めることができた。オフピーク時の低料金は、ビジネス客に比べて価格感度が高く旅行時期の融通が利く観光客の心をとらえたのだ。

このように、サウスウエストの価値提案は伝統的な顧客セグメントを超えて、時に応じてビジネス客、家族連れ、学生など、さまざまな顧客層にアピールした。同社はターゲット顧客のあらゆるニーズをつねに満たそうとするのではなく、多くの顧客が少なくとも一時的にもつ一種類のニーズに対応する。このように特徴ある価値を生み出したからこそ、数十年にもわたって航空他社との差別化に成功しているのだ。

サウスウエストは世界中で模倣されているが、同社が業界「最高」の価値提案を見つけたというのは間違いだ。特定のニーズを特定の相対的価格で満たすことに「最高に」長けているだけだ。

ニーズが十分に満たされないとき：アラビンド眼科病院　インドのアラビンド眼科病院は、理想主義者の退役軍医ゴビンダワ・ベンカタワミ、通称ドクターVによって一九七六年に創設された。ドクターVは詳細な市場セグメンテーション・マップに頼らずとも、ニーズを著しくおざりにされた多くの人たちがいることを見てとった。インドでは何百万人もの人が、白内障の手術費用を払えないために、本来回避できるはずの失明に見舞われている。わずか一一床のベッドと三名の医師で始まったアラビンドは、いまでは世界最大の眼科病院として毎年三〇万件の手術を行ない、その三分の二以上を無償で提供している。

アラビンドにはたぐいまれな価値提案が一つある。いや訂正しよう、二つだ。一つは金に糸目をつけずに最高の眼科治療を求める、裕福な顧客に向けたものだ。この顧客層は最先端の施設で最先端の医師に治療を受けることを望み、先端医療に市場価格を支払うことを厭わない。これが価値提案の一つだ。

二つめの価値提案は、医療費を支払えず、普通であれば失明してしまう人たちに向けたものだ。アラビンドは彼らに視力と、それに伴う自立を与える。彼らにも有償患者向けのものとまったく同じ医療を提供し、同じ医師が同じ手術室で施術する。宿泊機能（部屋と食事）は大幅にそぎ落とされる。だが料金はさらにそぎ落とされ、まったくの無償である。

アラビンドは二つの異なる顧客セグメントの切実なニーズを、異なる料金で満たすことで成長を続けている。そして最も注目に値するのは、アラビンドが財政的に自立していることだ。政府の補助金にも、慈善寄付にも頼ってはいない（もっとも、成功が寄付をますます呼びこんではいるが）。アラビンドを助けるのは、過去三〇年以上にわたって持続可能性が証明されている戦略なのだ。

戦略の第一の条件は、価値提案がライバル企業のものと異なることだ。ポーターの定義からいえば、ほかと同じ顧客に対応し、同じニーズを満たし、同じ相対的価格で販売する企業に、戦略はない。

ほとんどの事業では、価値提案の三角形はさまざまな組み合わせをとり得る。たとえば市場のほぼすべての顧客を対象とするが、特定のニーズまたはニーズ群だけを満たそうとする企業もある。そうかと思えば的を絞った顧客基盤に対応し、そのニーズをきめ細かく満たそうとする企業もある。より高い価値をプレミアム価格で提供する企業も、効率性を武器に低い相対的価格を提供する企業もある。

戦略の第一の条件は、価値提案がライバル企業のものと異なることだ。ポーターの定義からいえば、ほかと同じ顧客に対応し、同じニーズを満たし、同じ相対的価格で販売する企業に、戦略はない。最高を目指して競争しているだけだ。

第二の条件：特別に調整されたバリューチェーン

戦略を説明するときには、まず価値提案から始めるのが自然だ。どんな便益で顧客のニーズを満たすかという観点から戦略をとらえるのは、当然のように思われる。これに対して戦略の第二の条件は、まったく直感的でないため、見過ごされることが多い。ポーター曰く、特徴ある価値提案は、それだけでは有効な戦略にならない。それを実現するのに最も適した一連の活動が、競合他社の行なう活動と異なっていてこそ、戦略として意味をなすのだ。彼の理屈は単純明快で説得力がある。「そうでなければ、あらゆる競合企業が同じニーズに対応できることになり、そのポジショニングには何の独自性も価値もなくなってしまう」

顧客のニーズを深く理解することは大切だが、それだけでは足りない。**戦略と競争優位の核心は、活動にある。**つまり競合他社と**同じ活動を異なるやり方で行なう**か、他社と**異なる活動を行なうか**を選択することだ。先にとりあげた企業はまさにこれをやっている。バリューチェーンを価値提案に合わせて特別に調整しているのだ。

ウォルマート、プログレッシブ、エドワード・ジョーンズ

特徴ある顧客に対応することを価値提案の中心に据えた三つの企業に話を戻そう。特別に調整されたバリューチェーンについて考えるために、まずそれぞれの企業が、自ら選んだ顧客セグメントに合わせて、活動に関してどのような重要な選択を行なったかを洗い出す。続いてこれらの選択が、異なる顧客を対象とする競合他社の選択と比べてどう違うのかに注目しよう。

最初はウォルマートだ。ほかのディスカウント小売業者が大都市圏での店舗展開を選択するのを尻目に、ウォルマートは最寄りの都市に行くのにも車で四時間ほどかかる小さな町に出店した。ウォルトンは、こういった土地柄を知り尽くしていた。最寄りの都市と同じか、それよりも安い値段の店があれば、「住民は地元で買い物をする」はずだという彼のもくろみは正しかった。そのうえウォルマートがねらった市場の多くは、二つ以上の小売業者を支えるほど大

きくなかった。これが強力な参入障壁になった。ウォルトンは一番乗りをすることで競合他社の先手を打ち、ウォルマートの縄張りに参入する意欲をくじいた。そしてそのすきに、全米そして全世界の市場で毎日特売価格を提供する能力という、競争優位の源をうちたてたのだ。

他方プログレッシブがターゲットとした顧客層は、特別な問題を投げかけた。どうすれば悪質ドライバーを、利益のあがる顧客に変えられるだろうか？　プログレッシブには、業界標準とは異なるバリューチェーンが必要だった。そこでまずリスクの評価法を見直した。事故確率をより正確に予測する細かい指標を用いて巨大なデータベースを構築し、このデータをもとに、ライバル保険会社にとっては悪質ドライバーでしかない集団のなかから、リスクの低い人たちを選び出した。たとえば飲酒運転違反者のなかでも、子どもがいる人たちは再犯率が最も低かった。オートバイ運転者のうち、四〇歳以上のハーレー所有者はバイクに乗る頻度が低かった。プログレッシブはこうした情報を活用して、どんなにリスクの高い顧客でも利益があがるように価格を設定した。このようにプログレッシブの競争優位は、（同等のリスクに対する）相対的価格から始まったのである。

次に、事故の発生率が高いことを考慮して、事故が起きてからのコストを最小限に抑えるよう努めた。たとえば支払請求に早く応えれば応えるほど金の節約になる（早く支払えば訴訟を起こされる回数も減る）。プログレッシブのバリューチェーンは、これをいくつかの方法で実現した。なかでも劇的だったのが、ラップトップをもった査定人が会社のライトバンで事故現場に急行し、その場で小切手を振り出すというものだ。それまで業界にこんな慣行はなかった。

このように、プログレッシブの競争優位には、低い相対的コストという要素もあった。

プログレッシブと同様、エドワード・ジョーンズも自らの選んだ顧客セグメントに合わせてバリューチェーンを特別に調整している。そのセグメントとは、保守的な投資スタンスをとり、信頼できるアドバイザーに投資判断を一任することを好む顧客だ。ジョーンズは顔の見える人間関係を通して、顧客の信頼を得ている。このために小さな町や郊外の住宅地、商店街などの便利な立地に数多くの支社を構える。業界では珍しく、フィナンシャル・アドバイザーは各支社に一人ずつしか置かない。他業界からの採用を進めており、地域社会への貢献意欲と起業家精神を併せもつ人材をアドバイザーに登用している。新規採用社員の研修に多額の投資を行ない、優良銘柄中心の保守的な商品ラインに関する知識と、長期保有の投資方針を叩きこんでいる。

自ら選んだ顧客に合わせて活動を特別に調整することには代償が伴う。ジョーンズは頻繁な売買や利ざやの大きい特殊商品からの収益は追わない。研修コストやオフィス賃料は同業他社に比べて高い。だがこれらの活動が価値を創造しているからこそ、ジョーンズの選んだ顧客は、人間味のある信頼関係に対して大きなプレミアムを支払うことを厭わないのだ（一取引あたりの手数料は、格安証券会社の八ドルに対し、同社は一〇〇ドル）。

アラビンドのバリューチェーン

アラビンドのもともとの着想となったのは、なんとマクドナルドだった。ドクターＶは白内障の手術を、マクドナルドがハンバーガーを提供するように、効率的かつ安定的に提供することを目指し、これを行なうためのシステムを設計した。

簡単に説明すると、外科医が患者を手術している間、次の患者がうしろの手術台の上ですでに待機している。外科医は手術が終わると、くるりと向きを変えて次の手術にとりかかる。そのため熟練した外科医の貴重な時間は、一分たりとも無駄にならない。外科医だけでなく、手術室にいる全員がきまった手順に従うよう訓練されている。プロセス内のすべての段階が全体として効率を高めるよう、注意深く統合されているのだ。

結果がすべてを物語っている。アラビンドは二〇〇九年度に国内の眼科医療従事者の一％にあたる人員で、インド全土で行なわれた白内障手術の五％を手がけた。この成果は、ヘンリー・フォードが開発したＴ型フォードの組立ラインを彷彿とさせる。このラインのおかげでフォードの組立工は業界平均の五倍もの作業効率を実現できた。アラビンドは、フォードが庶民にも買える自動車を製造するために用いた設計要素の中核を応用して、白内障手術を誰にでも受けられるようにしている。その要素とは、活動の標準化、労働と設備の専門化、止まることのない量産製造ラインといったものだ。

この手術方式はアラビンドの価値創造能力を促進しているが、それだけがすべてではない。

というのも、低コストでさえ高すぎるなら、市場の最低コストを実現したところで何にもならないからだ。ドクターVの解決策は、有償患者に市場価格を請求することだった。アラビンドのコストは一般的な医療機関を大幅に下回るため、一人の有償患者で二人分の無償医療を賄える。これがごく大まかにいって、アラビンドの競争優位のそろばん勘定だ。

アラビンドのバリューチェーンにおけるさまざまな選択が、有償患者の集客力を支えている。有償患者は最新設備を完備した別の棟や建物に収容される。だが本当のウリは医療の質にある。アラビンドは最先端の医療技術を提供する。優れた教育・研究機関を構築し、世界各地の有力眼科専門病院と提携関係を結んでいる。同病院の医師たちは世界でもトップクラスである。

世の病院管理者が悩まされている問題を知る人は、首をかしげているに違いない。外科医にいったいどうやって組立工のような扱いを受け入れさせるのだろう？　この業界の五つの競争要因を分析すると、外科医には労働時間の短縮や賃上げ、権限拡大を要求できるだけの影響力があることがわかる。それでもアラビンドは、アメリカの医療システムがいつまでたってもできないことができるのだ。アラビンドはコスト、時間、結果を――術後の転帰までをも――追跡している。このデータはすべて特定の医師までたどることができ、医師のパフォーマンス向上に役立てられている。

ドクターVは、なぜこうした条件を喜んで受け入れようとする医師を探せるのだろう？　普通に考えられる答えとしては、当初の病院のメンバーはドクターVの家族だったから、単に断れなかったのかもしれない。だがもっと真剣に答えると、ドクターＶの築いた組織が、金銭以外の二つの大きな見返りを提供するからだ。一つには、卓越した専門能力の開発に真剣にとりくんでいる。たとえば大がかりな研修を開催したり、有力病院と提携するなどしている。二つめは、無私の奉仕と思いやりの精神に訴えるからだ。アラビンドは使命を帯びた組織であり、その使命は漠然としているようだが、アラビンドの競争優位を目に見える形で高めている。アラビンドはこの理念があるからこそ、必要な人材を採用、保持し、活動を並外れた方法で、つまり価値提案に合わせて特別に調整された方法で組み合わせることができるのだ。

誰もが払える料金で高い品質の眼科医療を提供する――。これがアラビンドの価値提案だ。そして特別に調整されたバリューチェーンが、これをただの公約ではなく、戦略にしている。

サウスウエストの特別に調整された活動

高邁なアラビンドと、楽しいことが大好きなサウスウエスト航空を同列に語るのは、こじつけに思われるかもしれない。だが戦略的にいえば両社には共通点が多く、また戦略について多くを教えてくれる。そして両社とも業界の厳しい競争環境で卓越した業績を持続させている。

アラビンドと同様サウスウエストも、戦略を成功させる奉仕の文化を培っている。同社は草創期のほとんどを法廷闘争に費やし、存続自体が危ぶまれたこともある。テキサス州の既存航空会社は、格安航空会社の参入を望まず、金で買えるあらゆる法的、政治的手段を駆使して、サウスウエストの就航を阻止しようとした。このことがサウスウエストの使命感をかき立て、顧客に冷たい業界にとらわれた旅行客の解放を至上目的とする、独特の「戦士」の文化を生み出したのである。サウスウエストの従業員は、アラビンドの従業員と同様、努力を惜しまない。また労働組合を結成してはいるが、航空他社を苦しめてきた、会社への敵対的、ゼロサム的姿勢をとったことは一度もない。このことも、競争優位の強化と顧客満足の向上、相対的コストの引き下げに役立っている。一例として、サウスウエストもアラビンドも、離職率の低さに助けられている。

サウスウエストの成功が航空業界をゆるがすようになるまでは、ほとんどの航空会社が同じ方法で競争し、ハブ・アンド・スポーク方式や料金体系、マイレージサービス、労働協約などを模倣し合っていた。サウスウエストはこうした業界の「ベストプラクティス」は追求しないことをきめた。それはほかの種類の路線でほかの種類のニーズを満たすのに有効な方法だ。これに代わるものとして、独自の成果を実現するために特別に調整された活動の組み合わせを生み出した。

フルサービスを提供する従来型の航空会社は、どんな二地点間であろうと乗客を運ぶことを目的としている。できるだけ多くの目的地に到達し、乗り継ぎ便の乗客にも対応するために、主要空港を中心として多方面に路線を展開するハブ・アンド・スポーク方式を採用している。快適さやサービス拡充を求める顧客を呼びこむために、ファーストクラスやビジネスクラスを提供する。飛行機を乗り継ぐ乗客のために、スケジュールを調整し、荷物を預かり、転送する。長時間飛行機に乗り続ける乗客もいるため、昔から機内食を提供してきた。

これに対してサウスウエストは、特定の路線を最低のコストで頻繁に運航するために、すべての活動を特別に調整した。最初から機内食は出さず、座席指定も、乗り継ぎ便への荷物の移送も、ファーストクラスやビジネスクラスも提供しない。こうしたすべてが、第3章で見たターンアラウンド時間の短縮をもたらした。おかげでサウスウエストは飛行機が飛んでいる時間を増やし、少ない機数で多くの便を飛ばすことができる。搭乗口の係員や地上勤務員は少人数だが融通が利き、生産性が高い。運航機の機種を統一して保守の効率化を図っている。インターネットの旅行サイトが流通チャネルとして普及すると、航空他社は慌てて提携を結んだ（これは業界構造を不利にする決定だった。価格だけを基準に航空会社を選ぶことを顧客に促すからだ）。だがサウスウエストは違った。顧客がほかのチャネルを通さず、公式サイトで直接チケットを購入するため、サウスウエストは販売手数料を支払わずにすんでいる。

競争優位を支えるこうしたコストドライバーのおかげで、従業員一人あたりの旅客数や一ゲートあたりの便数、航空機一機あたりの飛行時間を、競合他社より増やすことができる。このようにサウスウエストは特別に調整された一連の活動をもとに、独自の価値ある戦略的ポジションを築いている。サウスウエストが運航する路線では、フルサービスの航空会社は利便性やコストの面でとても太刀打ちできない。

戦略的ポジショニングは、特に焦点を絞ったものは「ニッチ」の開拓と同じように見なされることがある。このニッチという言葉は、市場機会が小さいことを暗に示している。たしかにそういう場合もあるが、的を絞った競合企業のなかには非常に大規模なものもある。サウスウエストの場合、当初は狭いニッチと思われたものが、航空業界そのものに大変革をもたらした。サウスウエストも、次にとりあげるエンタープライズ・レンタカーも、業界リーダーに成長している。

column

差別化と低コストは両立可能か？

ポーターがキャリアの初期に提唱した、「集中」、「差別化」、「コストリーダーシップ」の三つの基本戦略は、発表されるや否や、重要な戦略的選択について考えるツールとして幅広く受け入れられた。それぞれの基本戦略は、有効な戦略が最低限もたなくてはならない、最も基本的なレベルの一貫性を反映している。**集中**は、企業が対象とする顧客とそのニーズの広さ（狭さ）を指している。企業は**差別化**を図ることで、プレミアム価格を要求できる。また**コストリーダーシップ**によって、低い相対的価格で競争することができる。この戦略の大まかな特徴づけは、どんな業界にもあてはまる戦略的選択の基本的特徴をよくとらえている。

同時にポーターは「スタック・イン・ザ・ミドル」呼ばれるようになった、よくある戦略上の過ちを説明した。これは、あらゆる顧客に気に入られようとする企業が、一方では「必要にして十分」なニーズを満たすコストリーダーに、他方では（何らかの重要な属性を）「より多く求める」顧客をよりよく満足させる差別化企業にはさまれ、身動きがとれなくなる状態をいう。

とすると、企業が差別化を図りつつ低コストを実現するのは不可能なのだろうか？　これもよくある誤解の一つだが、そんなことはまったくない。この反証に、ポーターの最も初期（一九八〇年頃）の論文が引用されることがある。ポーターは一九九〇年代にも、価値提案とバリューチェーンの関係に関する自身の研究を精緻化しており、この研究が誤解を解消してしかるべきだった。ポーターはこう説明している。「特定の製品によって満たされている特定のニーズまで掘り下げると、思いがけないほど複雑な選択や組み合わせがあり得ることがわかる。基本戦略は、たとえば相対的コストといった、戦略の主要テーマの一つをとらえるものだ。だが有効な戦略は、複数のテーマを独自の方法で統合する。顧客のニーズが一面的ということはまずあり得ないため、顧客のニーズを満たす戦略も一面的であってはならない。どの顧客とニーズに対応するかを選択し、それに合わせてバリューチェーンを特別に調整するなら、差別化と低コストと集中を同時に実現することは可能だ。エンタープライズがその証拠だ。またサウスウエストのように、スタック・イン・ザ・ミドルに陥らずに、利便性と低コストを同時に実現することも可能なのだ」

カーレンタルのバリューチェーン

エンタープライズの独自の価値提案――車をもっている人が地元で借りるレンタカー――は、同社の成功要因の一つでしかない。同社がバリューチェーンを構成するにあたって行なったさまざまな選択こそが、競争優位を生み出しているのだ。エンタープライズが格安料金を求める顧客に対応できたのは、独自の低コストの活動の組み合わせによってこのニーズを満たすことができたからだ。エンタープライズが得た戦略的洞察は、特徴ある価値提案を実現するには、ハーツやエイビスとはまったく違うバリューチェーンが必要不可欠だということだった。

ほかのレンタカー会社は、空港や鉄道駅、ホテルなど、旅行客に便利なように賃料の高い立地を選んだ。だがエンタープライズはそうせず、簡素な店構えの小さな営業所を中心に、大都市圏全域に展開することを選択した。この実践は、創設者のジャック・テイラーがミズーリ州セントルイスに小さな自動車リース会社を興した一九五七年以来の伝統となっている。だが会社が成長し戦略が明確になるにつれて、なぜそうするのかという戦略上の根拠もはっきりした。

地元のレンタル客にとって、車を受けとるのにわざわざ空港に行くほど面倒なことはないのだ。

草創期にたまたま始められたことが、戦略的選択となった。エンタープライズが選んだ顧客にとっては、営業所が近所にある方が便利だ。いまではアメリカの人口の九〇％が、同社の営業所の半径二五キロ以内に住んでいる。また割安な賃料のおかげで、競合他社より安い価格を設定できる。エンタープライズがようやく空港に営業所を構えたのは、創設から三五年以上もたった一九九五年のことだった。レンタカー事業では、ターゲット顧客が旅行客か地元客かで、営業所の最適な配置がまったく違うことはすぐわかる。

実際なぜプラスサム競争が可能かといえば、ほとんどの活動は実にいろいろな組み合わせ方ができるからだ。たとえばジップカーは営業所を一つももたなくてもやっていける。ジップスターと呼ばれる有料会員の情報はコンピュータで一元管理されるため、レンタル手続きに通常必要な書類作業が一切不要だ。会員はインターネットで車を予約するため、顧客サービス要員を雇う必要もない。レンタカーは大都市圏のあちこちに設置された専用駐車スポットに停めてある。会員はジップカードと呼ばれる、ワイヤレス・チップの埋めこまれた特殊なアクセスカードを使って、指定されたレンタル時刻に予約した車のロックを解除する。フロントガラスに設置された自動応答装置に、車の利用時間と走行距離が記録され、無線回線を介して中央コンピュータに直接送信される。このように、ジップカーではまるでＡＴＭから金を引き出すように、簡単に車をレンタルできる。

バリューチェーンのそのほかの部分も特別に調整されている。どんなレンタカー会社も、レンタル車両の構成について何らかの選択を行なわなくてはならない。観光客やビジネス客はSUVやコンバーチブルなど、特定の車種を希望することが多いため、ハーツとエイビスはこういった人気車種をレンタル車両に含めている。エンタープライズの地元客は、もっとコストの安い標準的な車種で満足する。また車が多少古くても気にしないため、エンタープライズは観光客に的を絞った他社に比べて、車両を長く保有できる。対してジップカーは、環境に優しいホンダ・インサイトやBMWミニといった「クール」な車両を、ブランド構築に活用している。ジップカーでは、しゃれたロゴを冠した車そのものが動く看板となって、同社のブランドを界隈に宣伝している。また学校や企業とのさまざまな提携を通じて、新規客を呼びこんでいる。エンタープライズはその価値提案に合わせて、保険会社や自動車ディーラーを通じて宣伝を行なうことが多い。これもコストを抑える重要な手段になっている。これに対してハーツは、ビジネス客やレジャー旅行客の関心を引くために、高価な一般消費者向け広告を用いる。

企業が他社と異なる価値を異なる顧客に提供することに注力するとき——ポーターにいわせれば、これぞ戦略的ポジショニングの真髄である——バリューチェーンには多岐にわたる違いが生じる（**図4-3**）。

図 4-3　独自の価値提案は、特別に調整されたバリューチェーンによって最もよく実現される

	ハーツ	エンタープライズ	ジップカー
価値提案			
顧客／ニーズ	地元を離れて旅行している人たち：1日単位のレンタル	地元での代車：1日単位のレンタル	車を持たない地元の人たち：時間単位のレンタル
料金体系	プレミアム：会社の経費または休暇旅行	エコノミー：保険または自費	用途によって異なる：入会費と時間制の料金
バリューチェーンにおける選択			
営業所の立地	空港・ホテル・鉄道駅（$$$）	大都市圏全域・商店街（$）	営業所をもたない（¢）
レンタル車両の選択	最新車種をとり揃える	「実用本位」の車、旧型車	「クール」な車
マーケティング	一般消費者向け広告（$$$）	自動車修理工場や保険会社を通じて宣伝（$）	口コミ・学校との提携（¢）

制約は不可欠である

価値提案の選択を通して企業の行動に制約を課すことが、戦略には欠かせない。制約を課すことで、特定の価値を最もうまく実現できるように活動を調整する機会が生まれるからだ。制約が存在するとき、つまりあらゆる顧客にあらゆるものを提供することをやめたとき、初めて活動を調整する余地が生まれる。いいかえれば制約があるからこそ、異なる提供価値を選択した競合他社とは違う、独自のバリューチェーンを構築できるのだ。

価値提案の選択を通して企業の行動に制約を課すことが、戦略には欠かせない。制約を課すことで、特定の価値を最もうまく実現できるように活動を調整する機会が生まれるからだ。

これはあらゆる戦略がクリアしなくてはならない、きわめて重要な条件だ。同じバリューチェーンが、異なる価値提案を同じようにうまく実現できるなら、そのような価値提案には戦略的に何の価値もない。特別に調整されたバリューチェーンがなければ実現できない価値提案だけが、堅牢な戦略の基盤になる。これが、競合企業に対する防御の第一線となる。

このように、戦略は企業が競争する方法を定める。そしてこの競争方法は、特定の用途集合または特定の顧客集合（またはその両方）に合わせて独自の価値を提供する、一連の活動に反映される。ほとんどの業界で、戦略的に意味のある価値提案は一つではなく、たくさん考えられる。このことはとりもなおさず、顧客やニーズがきわめて多様だということ、またその多様なニーズを最も効率よく満たすために独自の活動の組み合わせが必要になる場合が多いことを示している。業界の製品が同質的でも、たとえば配送、処分、認証、検査、融資など、バリューチェーンの上流から下流まで隅々にわたって差別化の機会があふれているとポーターは指摘する。

　活動を一つ残らずすべて独自仕様にする必要はないが、堅牢な戦略はかなりの調整を必要とする。競争優位を確立するには、特徴あるバリューチェーンを通じて特徴ある価値を提供しなくてはならない。つまり競合他社と異なる活動を行なうか、同じような活動を異なる方法で行なうということだ。

　このように、価値提案とバリューチェーンという、戦略上の選択の核をなす二つの側面は、表裏一体をなしている。価値提案は社外の顧客に焦点をあてる。バリューチェーンは社内の業務に焦点をあてる。戦略には需要サイドと供給サイドを一つにまとめるという、統合的な性質がある。

column

新たなポジションの開拓：どこから始めるか

「戦略的に競争するとは」とポーターは書いている、「新しいポジションを探しあてるプロセスと考えられる。つまり既存のポジションから新規顧客を獲得するか、まったく新しい顧客を市場に引き入れるポジションである」。戦略を後づけで説明するなら、価値提案を出発点とするのが理に適っているし、本章でもそのようにして説明した。だが企業は実際の話、どうやって新しいポジションを開拓しているのだろう？　顧客をセグメント化したり、満たされていないニーズに対応したりする新しい方法を探すのも、一つの出発点だ。だがバリューチェーン――企業が行なう独自の一連の活動――から始めるのも、同じくらい有効な方法だ。これは現に企業が自社の「強み」を見きわめようとするときにやっていることだ。

アーカンソーに本社を置く小さな同族経営会社、グレース・マニュファクチュアリングについて考えよう。グレースは一般的な知名度こそ低いが、主力商品のマイクロプレインは、ハードチーズや柑橘類の皮を下ろすのに最適な道具として、シェフの間では評判だ。マイクロプレインは、その後開発された数十の関連製品とともに、家庭用品業界に新しいセグメントを生み出した。

グレースがこのポジションを発見したいきさつは、物語としてもおもしろい。同社はもとはスチール製のプリンター・バンド〔バンド式プリンター用のバンド〕という、プリンター技術の進歩によって陳腐化しつつあった製品の受託製造を行なっていた。主力製品の消滅を間近にしたグレースの主たる資産は、縁《ふち》の鋭いバンドを製造するための独自のマスキングとエッチングの工程だった。現在同社のＣＥＯを務めるクリス・グレースは、家業を手伝っていた高校生の頃をこう回想する。「あの頃は工場で働くと、指を切るのは時間の問題だった。そのうちに、鋭利なものをつくるのがうちの強みだと気づいた。そこで何か鋭いものをつくれないかと考えたんだ」。結果、本格的な木工家向けの道具をつくることになった。

マイクロプレイン・ブランドの石目やすりは、本来弓のこのフレームにはめこんで使うものだった。だがどうしたことか、キッチンツールとして優れているという評判が立った。創設者のリチャード・グレースは、自社製品がそんな使われ方をしていることを知って、最初はがっかりしたという。だが同社は現在ピザカッターからチョコレート削り器まで、ありとあらゆる鋭利なキッチン用品を製造している。また鋭利なものを作る独占的なノウハウを活かして、整形外科医用の骨を削る用具や人工股関節を調整するツールをラインに加えている。この物語のキーワードは、「独占的」だ。グレース・マニュファクチュアリングは、ただ鋭利なものの製造に強みをもっていただけではない。戦略上何より大切な、独自の強みをもっていたのだ。

新しいポジションの開発は創造的な行為だ。何が最初のひらめきを促すかは、人や組織によってまちまちだ。どんなマニュアルやエキスパート・システムも、必勝戦略を生み出し続けることはできない。戦略とは定義上、誰も行なったことのない一連の選択を通して、独自性のあるものを生み出すことをいうのだ。

第5章 トレードオフ
——戦略のかすがい

前章ではポーターによる戦略の第一、第二の条件を説明した。独自の価値提案と、それを実現するのに必要な、特別に調整されたバリューチェーンである。重要な教訓を一つあげるとすれば、戦略には選択が必要不可欠ということだ。競争優位を得るには、競合他社と異なる選択をすること、つまりトレードオフを行なうことが欠かせない。これがポーターによる優れた戦略の第三の条件である。トレードオフはきわめて重要な役割を果たすため、これを戦略のかすがいと呼ぶのは誇張ではない。トレードオフには競争優位を創出、持続させるはたらきがあるため、戦略を一つにまとめるかすがいの呼び名がふさわしい。

トレードオフが必要だという考えも、二つの意味で常識的な考えに反する。まず、トレードオフそのものに対する誤解がある。経営者は「多いことはつねによいことだ」と考える傾向にある。顧客、製品、サービスを増やせば、売上や利益もついてくるはずだ。何でもありの戦略をとればいい。ＡとＢのどちらも行なう。どちらか一方しか選ばなければ、儲けるチャンスをみすみす逃すことになる。一方を犠牲にしてもう一方を選択すること、つまりトレードオフは、弱さの表れだというのだ。

二つめの誤解として、昨今の熾烈な過当競争《ハイパーコンペティション》の世界では、競争優位を持続させることなどできないと考えられている。あらゆるものの模倣が可能で、現に模倣されているこの世界では、競争で望めるのはせいぜい一時的な優位だという考えだ。どこかで聞いたような話だろうか？　そう、これはおなじみの最高を目指す競争だ。

だが少し考えれば、この議論が事実にそぐわないことがわかる。たしかに独自の価値提案を選択しただけでは、競争優位を持続できる保証にはならない。有効なポジションを開拓すれば、模倣者に必ず気づかれる。だが競争優位を何十年も持続させることは可能だし、サウスウエスト航空、イケア、ウォルマート、エンタープライズ・レンタカー、ＢＭＷ、マクドナルド、アップルなど、それを実現している企業の例には事欠かない。こうした多種多様な企業の戦略に共通するものは何だろう？　答えは一語に尽きる。**トレードオフ**だ。

トレードオフとは何か？

トレードオフは、戦略における道路の分岐点のようなものだ。どちらか一方の道を行けば、同時にもう一方を行くことはできない。製品自体の特質に関わるものであれ、バリューチェーン内の活動の組み合わせに関わるものであれ、トレードオフが存在するとき選択肢は両立し得ないため、二つを同時に選択することはできない。

トレードオフは、戦略における道路の分岐点のようなものだ。どちらか一方の道を行けば、同時にもう一方を行くことはできない。

たとえばどんな航空会社も、路線方式を選択しなくてはならない。多くの地点間を移動できるがコストの高い、ハブ・アンド・スポーク方式を選択してもいいし、「遍在性」を犠牲にして限られた地点間を低コストで運航する、ポイント・トゥー・ポイント方式を選択することもできる。この選択は完全な二者択一だ。どの航空会社もどちらか一方を選択できるが、両方をいっぺんに選ぶと必ず非効率が生じる。

トレードオフが存在するところでは、製品や活動はただ異なるだけではない。両立し得ないのだ。一方を選択すれば、他方は必ず排除されるか、損なわれる。競争は経済的なトレードオフに満ちており、戦略はこれらをもとに成り立っている。

たとえば台湾積体電路製造（台湾セミコンダクター、ＴＳＭＣ）の例を考えてみよう。同社は年商九〇億ドル（二〇〇九年）の半導体メーカーである。たいていの起業家は新製品や新サービスを生み出すことで知られるが、同社の創設者モリス・チャンが会社を興したのは、ある重要なトレードオフの真価に気づいたのがきっかけだった。彼がＴＳＭＣを興した一九八七年当時は、大手半導体メーカーのほぼすべてが、半導体の設計から製造までのすべてを自ら行なう、業界用語でいう垂直統合型デバイスメーカー（ＩＤＭ）だった。半導体の製造設備は莫大なコストがかかるため、ＩＤＭは生産能力に余剰が生じると、自前の製造設備を建設する余裕のない中小企業に貸し出した。だがＩＤＭにとって、こうした中小企業のニーズに応えることは、あとからの思いつきに過ぎなかった。

チャン博士は、このような状況で中小企業が深刻なジレンマに陥っていることを知っていた。自前の製造設備をもつ余裕はない。だがＩＤＭに製造を委託することで、最重要資産である知的財産権を危険にさらしており、半導体設計を盗用されるのではないかという恐れに怯えていた。

モリス・チャンは大きなトレードオフを行なう覚悟があった。ＴＳＭＣは自社製チップの設計は手がけない。ほかの半導体設計会社のための製造会社になる、ただそれだけだ。このたった一つの重要な選択をすることで、チャン博士は利益相反を排除した。顧客と競争するのではなく、顧客のために製造する。そうすることで顧客のためにより大きな価値を生み出せる。また当然だが、ＴＳＭＣはこの基本方針を選択した以上、競合他社と異なるバリューチェーンをもつことになる。つまり異なる活動を行なうということだ。

このトレードオフが、ＴＳＭＣの競争優位の源泉となった。また、競争優位とは単に企業が得意とすることではなく、損益計算書にも反映されることを思い出してほしい。モリス・チャンは製造に特化することで、低い相対的コスト（競合するＩＤＭよりも低い製造コスト）を実現した。また製造に加えて、半導体設計の知的財産権保護のサービスを提供したため、顧客は新たに生み出された付加価値に、より多くの金額を支払うことを厭わなかった。

　堅牢な戦略には、一般に複数のトレードオフが組みこまれている。とくに優れた戦略は、バリューチェーンのほとんどすべての段階にトレードオフが存在する。スウェーデンの家具・インテリアの巨大企業イケアがその好例だ。イケアの価値提案は、優れたデザインと機能を低価格でもたらすことにある。対象顧客は、イケアが「財布の薄い」人たちと呼ぶ層だ。イケアは特定の価値と、これを実現するのに必要な活動を選択することで、一連の制約を受け入れた。イケアはあらゆる顧客のあらゆるニーズを満たすことはしない。

　イケアは家具製造・販売プロセスにおいて価値を付加するすべての主要な段階で、いわゆる「従来型」の家具小売業者と異なる選択を行なっている。次を考えてみよう。

◎製品のデザイン　イケアの家具はモジュール式の組立家具だ。これに対して従来型の家具店は、完全に組み立てられた家具を販売する。これは重要な二者択一のトレードオフである。家具を完全に組み立てるか、組み立てないかだ。業界の大半の企業とは違って、イケアは自社製品をデザインしている。この選択のおかげで、スタイリングにおいて、また販売するあらゆるもののコストにおいて、さまざまな種類の重要なトレードオフを行なうことができる。イケアのデザイナーは、明確な制約のある、非常に具体的な課題を与えられる。たとえばある製品ラインのために、三〇ドルで売れるコーヒーテーブルをデザインする、といったものだ。ここには厳しいトレードオフが存在する。優れたデザインを低コストで考案することはできても、希少なバーズアイメープル製の三〇ドルのコーヒーテーブルや、最高級の皮革を使った四〇ドルのイスは絶対につくれない。イケアのデザイナーは、一つひとつの製品について明確なトレードオフを行なうよう求められる。

◎製品の多様性　従来型の家具店は、アメリカコロニアル調、フレンチカントリー風、明王朝様式など、幅広いスタイルの家具を販売する。ファブリックについても、数百もの選択肢を提供する。だが広い品揃えと特注生産は、どちらもコスト増になる。イケアは次のトレードオフを行なった。北欧デザインとその分派だけの、限られたスタイルの家具を店に置き、仕上げ加工やファブリックの選択肢もごくわずかしか提供しない。トレードオフを通して製品の複雑さを抑えたおかげで、世界的規模で効率的な生産を行なう外部メーカーから製品を大量に調達できる。五つの競争要因を思い出してほしい。巨人ゴリアテであるイケアは、サプライヤーから有利な価格を引き出せるのだ。

◎店内サービス　従来型の家具店は、販売員を使って顧客の家具選びにまつわるさまざまな選択に助言を与えている。だが販売員はコスト増になる。ここにもう一つの厳しいトレードオフ、つまり二者択一の選択がある。店に販売員を置くか、置かないかだ。両方を選択することはできない。イケアはこのトレードオフをはっきり謳っている。顧客がセルフサービス形式を受け入れるからこそ、安い価格という見返りを得られることを知らせているのだ。店内のカフェテリアさえもが、このメッセージを強めている。顧客が食器を自分で片づけてくれるおかげで食事を安い価格で提供できる旨が掲示されている。

◎配送と店舗設計　従来型の家具店は、製品をメーカーや倉庫から顧客の自宅に直送する。イケアは配送を堂々と顧客に「外注」している。この場合も、顧客が得る見返りは低価格だ。店舗設計と立地における数々のトレードオフのおかげで、顧客は家具を(このうえなく)簡単に選ぶことができる。店内にたくさんあるモデルルームで気に入ったものが見つかったら、品番をメモしておく。最後の展示エリアを通り過ぎると、レジの手前にだだっ広い倉庫があり、フラットパックに入った組立式家具が棚にぎっしり詰められている。ここでメモした品番の商品を探し、特別に設計されたショッピングカートにフラットパックを積み、支払いをすませたら、あとは外へ出て車まで運ぶ。イケアは車で行きやすい立地を選び(たとえばアメリカではけっして街中には出店しない)、広い無料駐車場を設けている。すべての商品を展示、在庫保管するために、巨大な店舗を構えている(限られた商品しか展示しない小規模店舗はもたない)。

◎フラットパックと競争優位　伝えられるところによれば、イケアの草創期に、顧客がテーブルを車に積んでもち帰れるようにと、従業員の一人が脚を外してみた。これがひらめきの瞬間の一つだったという。家具を分解してフラットパックで販売すれば、顧客が家具を「自分で配送」できる。そのうえフラットパックは省スペース化と物流コストの大幅削減にもなる。配送用トラックに積載できる商品の数は、従来の六倍に増える。

この洞察が、やがて競争優位をもたらした——つまりイケアのバリューチェーン内の活動に違いをもたらし、それが競合他社より低い相対的コストを実現した。フラットパックにすることで、家具の輸送コストは組み立てずみの場合に比べて格段に低くなる。だからイケアは低い価格でも利益をあげられるのだ。

フラットパックにはほかにも利点がある。購入した品を自分でもち帰り、組み立てることを厭わない顧客は、買い物が安くすむだけではない。到着まで何週間も待たされず、買ったその日のうちに家具が手に入り、輸送中に損傷を受けるリスクも少ないのだ。こうしたことがイケアのコスト優位をさらに強化するとともに、顧客満足を高めている。私は初めてソファを買ったときのことをいまも忘れない。届くまで六週間も待ったあげく、届いた商品は布地が大きく裂けていた。何時間もかけて製造元への返送を手配し、代わりの品が届くまでまた六週間も待つはめになった。私にとっては不愉快な経験だったし、売り手にとっても高くつく結果となった。

また最近行なわれた興味深い研究で、「イケア効果」なるものが明らかになった。消費者が商品を自分で組み立てると、その商品に支払ってもよいと思う金額は下がるどころか、むしろ上がるという。自社のコストを下げながら、ついでに顧客価値を高められるとは、夢のような話だ。

考えてもみてほしい。こうしたコストや価値の差の累積的な効果は、たった一つのトレードオフに端を発しているのだ。輸送が必要な組み立てずみの家具を販売するか、顧客がフラットパックでもち帰り、自宅で組み立てられるようなデザインにするかだ。優れた戦略をもつ企業は、戦略を損益計算書に直接結びつけているというのがポーターの持論だ。イケアはそのような結びつきの好例だ。

優れた戦略をもつ企業は、戦略を損益計算書に直接結びつけている。

イケアのバリューチェーンには、特別に調整された選択がそこかしこに見られる。また特徴ある価値を創出する方法についてイケアが行なった選択の多くは、ただライバル企業の選択と異なるだけではない。両立し得ないのだ。つまり、ライバル企業はイケアの活動を模倣しようとすれば、顧客のために生み出している価値を妨げるか、だめにしてしまう。これらは正真正銘の二者択一の選択であり、だからこそイケアは優れたデザインを低価格で提供するという価値提案を実現できるのだ。

なぜトレードオフが生じるのか？

トレードオフが生じる状況はいろいろあるが、ポーターは特に三つを強調する。第一が、**製品の特性が両立しない場合**、つまりあるニーズを最もよく満たす製品が、ほかのニーズをあまりよく満たせない場合だ。イケアの巨大な店舗は、手っとり早く買い物をすませたい人にとっては悪夢だ。ＢＭＷの「究極のドライビングマシン」は、安価な交通手段を求める買い手のニーズを満たさない。マクドナルドの早くて安いハンバーガーは、体によいとれたての食材を求める地産地消主義者《ロカボア》を満足させることはできない。

第二が、**活動そのものにトレードオフが生じる場合**だ。別のいい方をすると、ある種の価値を最もよく実現する活動の組み合わせは、別の価値を同じようによく実現することはない。小ロットの特注品に合わせて設計された工場は、大量生産や規格品の製造には効率が悪い。一時間に一度発送を行なうよう調整された物流システムは、週に一度の発送には適さない。こうしたトレードオフは、経済的な影響をもたらす。活動が、その目的に比して過剰だったり貧弱だったりすると、価値が損なわれる。たとえばフォーシーズンズホテルのコンシェルジェにサービスを受けたことがある人なら、この「活動」が宿泊客に高水準のサービスを提供するよう設計されていることがわかるだろう。この種の価値を生み出すには、適切な人材を雇って訓練する必要があり、それにはコストがかかる。だが同じコンシェルジェを、宿泊客がほとんどサービスを必要としないような環境に配置すれば、高水準のサービスを提供するために費やされたコストの一部は無駄になる。

トレードオフが起きるもう一つの状況は、**イメージや評判の不一致が生じる場合**だ。たとえばフェラーリがミニバンを発売するなど想像できるだろうか？　事業拡大熱に駆られた企業は、イメージの不一致に目が向かないことがある。小売業者のシアーズは、「高品質の工具や器具を買うならシアーズ」という評判を数十年がかりで築いた。だがそのシアーズが証券会社のディーン・ウィッターを買収し、電動のこぎりに加えて投資商品も販売するようになると、顧客は同社の新しいイメージを古いイメージに結びつけられなくなった。その結果起きたのが、事業拡大の歴史上最も華々しい失敗の一つである。こうしたイメージの不一致は、よくても顧客を混乱させ、悪くすれば企業の信用と評判を損なう。

このように、トレードオフはさまざまな状況で生じ、競争につきまとう。トレードオフは選択の必要を生み出すことで、戦略を実現可能にする。

本物のトレードオフは模倣者を寄せつけない

企業が成功すると、競合企業がよほどぼんやりしているのでもない限り、必ず模倣者が現れる。このときトレードオフが模倣者の前に立ちはだかる。トレードオフはその性質上、戦略を持続可能にする選択である。なぜならトレードオフは対抗するのも、無力化するのも難しいからだ。トレードオフがなければ、優れたアイデアは簡単に模倣される。製品の機能も、サービスも、価値を実現するどんな方法も模倣できてしまう。だがトレードオフが存在するとき、模倣者は経済的ペナルティを被る。

そう早くないファストフード

マクドナルドはファストフードの市場リーダーとして、速さと一貫性をもとにポジションを築いてきた。バリューチェーン内のすべてが、この価値提案を実現するために特別に調整されている。だが一九九〇年代後半に、同社は成長の壁にぶつかった。出す商品出す商品が失敗に終わったことや、市場の飽和が進んだことを受けて、マクドナルドはライバルのバーガーキングやウェンディーズに対抗するために、メニューを自分好みに変えられるオプション（ピクルス抜きのハンバーガーなど）を提供しようと考えた。そこで「メイド・フォー・ユー（あなたのためにつくります)」キャンペーンを展開し、莫大なコストをかけて全店舗の厨房を改装した。総費用は五億ドルにものぼるといわれた。

だが「メイド・フォー・ユー」にはほかの代償も伴った。顧客の好みに合わせて調理するには時間がかかるし、カスタマイズの度合いが大きくなればなるほど、一貫性を達成するのが難しくなる。この結果の一つひとつ、つまり時間、一貫性、カスタマイゼーションが、それぞれトレードオフを伴うことに気づいた人は鋭い。カスタマイズを進めればスピードは落ち、一貫性は損なわれる。おまけに店では注文を聞いてから調理するため、忙しいランチタイムに備えてつくり置きすることができない。フランチャイズ店は板挟みに苦しんだ。厨房をまかなう要員を増やせば利益が圧迫されるし、そうしなければばしなかったで、顧客を長時間待たせていらだたせることになる。マクドナルドはトレードオフの厳しさを身をもって学んだ。自らの戦略を損なわずに、バーガーキングの戦略を模倣することはできない。

ポーターはマクドナルドがやろうとしたことを、**「二股《ふたまた》をかける（ストラドリング）」**と呼ぶ。これは企業間競争で最も一般的な形態の模倣だ。こうした企業は、二股という言葉の示すとおり、既存のポジションを維持しながら、成功したポジションのよいところをとり入れようとする。いいかえれば、新しい機能やサービス、技術を、すでに行なっている活動に移植することで、二つの世界のいいところどりをしてすべてを手に入れようとする。だが戦略とは二者択一の世界だ。二股をかける企業は、二者共存の世界に逃げこめると思っているが、その期待はたいてい空頼みに終わる。

映画：直接型 vs 小売

もっとよくあるのが、ブロックバスターのような事例だ。アメリカのビデオレンタル・チェーン最大手のブロックバスターは、ネットフリックスの台頭に脅かされていた。ネットフリックスの会員は、オンラインでレンタルを申しこめばＤＶＤが郵送で届き、最近では技術進歩によりストリーミング配信も可能になった。両社の価値提案は異なり、それぞれ重大なトレードオフを伴い、異なるバリューチェーンを必要とする。ネットフリックスの最先端の物流システムに支えられた五〇余の地域倉庫は、ブロックバスターの五〇〇〇軒を超える地域店舗よりも幅広い品揃えの映画を提供できる。ブロックバスターは自らの価値提案にネットフリックスの価値提案を加えて、両方のいいところどりをしようとしたが、うまくいかなかった。トレードオフは、一度に二つの方法で競争しようとする企業に、厳しい経済的ペナルティを与えるのだ。

空中での二股戦略

ブリティッシュ・エアウェイズ（ＢＡ）は、台頭著しい格安航空会社から縄張りを守ろうとしたとき、前例を教訓として活かせるという強みがあった。当時の航空業界では、二股戦略の派手な失敗がまだ記憶に新しかった。その一つ、コンチネンタル航空は、フルサービスを維持しながら、一部の路線で格安サービスを提供しようとしたが、一度に二つの方法で競争することは、あまりにも高くつき複雑であることを学んだ。

ＢＡはこの教訓を胸に刻んだ。同一事業で二つの異なるポジションを占めようとする場合、トレードオフを回避するには、独立した組織をつくり、独自の特別に調整されたバリューチェーンを構築する裁量を与えるしかない。だがこの方針をもってしても成功が難しいことを、ＢＡの経験は教えてくれる。

ＢＡの新しい子会社ゴー・フライは、独自のアイデンティティと経営陣をもち、独自のブランディングと路線網を構築することを許された。それでもＢＡはアメリカの航空会社と同じトレードオフに足をすくわれ、結果的に高い評判を傷つけ、顧客を混乱させてしまった。ゴー・フライの当初のキャッチコピーは「ブリティッシュ・エアウェイズの新しい格安航空会社」だった。ゴー・フライはライアンエアーなどのライバル格安航空会社よりも大都市に近い空港を選んだが、こうした空港では混雑による遅延がひどかった。また格安航空としては珍しく指定席を提供したほか、機内食サービスを高級ケータリング会社に委託していた。

ゴー・フライの損失が予想外に膨らむと、ＢＡは格安航空会社の兼営が高級航空会社としてのポジショニングと両立しないと判断し、投資ファンド、スリーアイ（３ｉ）にゴー・フライを売却した。ＢＡから解放されたゴー・フライは、ＢＡの顧客にはっきりと照準を合わせた攻撃的な広告キャンペーンを展開した。そのわずか一年後、3iは大きくなったゴー・フライを、買収した四倍の金額で競合格安航空会社のイージージェットに売り抜けたのだった。

トレードオフは、二股をかけようとする企業に苦境を強いる。他社を模倣するには、二股以外に**リポジショニング**という方法もある。既存のポジションが有効でなくなったとき、他社の戦略をそっくりそのまままねてポジショニングを変更する（リポジショニングする）手だ。これが難しいのはいうまでもない。新たに評判を築き、それを支える新しい活動やスキルを構築するだけでなく、古いものを排除しなくてはならないのだから。当然だが、リポジショニングはめったに行なうべきでないし、実際行なわれることもまずない。この方法は、一歩も二歩も先を行く競合他社と同じ土俵で戦うという選択にほかならない。

column

コストと品質は両立しない：本当かウソか？

「安かろう、悪かろう」といういい回しは、商売の鉄則における最も古く、かつ最も基本的なトレードオフの一つを表している。品質を高めるには、余分なコストがかかる。逆に、コストを削減すれば品質も落ちる。これは自明かつ永遠の真理だった。しかし一九八〇年代と九〇年代の品質運動で、その誤りが証明されたかに思われた。この運動は「品質はタダである」というスローガンとともに、まず日本に定着し、次いで世界中に広まった。コスト削減と品質向上が同時に実現できることを、多くの企業が知った。基本的なトレードオフを破ることができるのだと思われた。

高品質と低コストは本当に両立するのだろうか？　品質はタダなのか？　ポーターはこれを「危険な一面だけの真理」と称する。この問いに対する答えは、条件つきのイエスだ。たしかに欠陥や無駄を排除することで高品質を実現できるとき、品質はタダだ。だがこのとき企業が対処しているのは見せかけのトレードオフであり、本来破られるべきものだ。一般に、見せかけのトレードオフが生じるのは、組織が業務効果で劣っているときだ。基本的な活動、つまり一般的で戦略特化型でない活動の効率で後れをとっているということだ。一九九〇年代にトヨタのレクサスがＧＭのキャデラックよりも「高級な」装備をより低い価格で搭載できたのは、ＧＭがベストプラクティスの最先端からあまりにも後れをとっていたからだ。今日のアメリカの医療業界は、私の見るところ、治療結果の改善を図りながらコスト削減を図る余地が多い。「品質はタダである」のスローガンが、業界の目を覚ますのに役立つかもしれない。

またイノベーションが起きてかつてのトレードオフが陳腐化する際にも、この現象が起きることがある。新しい技術や経営実践などのイノベーションは、低価格と成果向上を同時にもたらすことがある。だが品質が本当にタダなのは、そのようなイノベーションがゲームのルールを書き替えるとき、または企業が効率性でそもそも劣っているときに限られる。

しかし企業はいったん業務改善や効率化を通して実行における均衡状態を達成すると、本物のトレードオフに直面する。こうなると「品質」を高めるには新しい機能を加えたり、質のよい材料を使ったり、サービスを向上したりする必要がある。たとえば乗用車なら、布から革張りのシートに変える、GPSを新たに搭載するといったことだ。この意味での品質は、当然タダではない。製品の機能を大幅に拡張したり、サービスを拡充したり、販売支援を強化しようとすれば、必ずコストがかかる。このようなトレードオフは本物で、拘束力がある。

はっきりさせよう。低価格を中心とした価値提案が、顧客価値を構成するそのほかの側面を同時に実現できないということではない。イケアのデザインは品質の一種だが、同社が原材料、製造、物流のコストを抑える限りにおいては、低コストと両立する。サウスウエストの利便性も品質の一種だが、やはり低コストと両立している。頻繁なフライトが航空機と地上勤務員の有効活用を促し、現にコスト優位性を高めている。そしてこの便利で頻繁なフライト自体、ターンアラウンド時間の短縮をもたらす低コストの実践（座席指定や乗り継ぎ客の荷物の移送を行なわないなど）のおかげで成り立っている。サウスウエストはこの種の品質を巧みに宣伝することで、トレードオフで一石数鳥を得ている。しかし航空会社の品質のなかには、本物の値札がついているものもある。たとえば座席指定、ゆったりとしたシート、陶製の食器などだ。

経営者が実行に邁進し、一般的な活動に関して「ベストプラクティス」の実現を心がけるとき、トレードオフの排除が功を奏することもある。だがこと戦略に関する限り、トレードオフは独自性を目指すうえで絶対に欠かせない。トレードオフを見つけることは――イケアがフラットパックに関して洞察を得たときのように――戦略を生み出すうえで欠かせない。トレードオフを維持し、険しくすること、つまりさらに厳しいものにすることが、戦略を持続させるカギとなる。

ホームセンター：男性か女性か

ホームセンター大手のロウズは、新たなポジショニングの必要性を痛感したとき、より戦略的な方針をとった。ホームセンターとは、一九八〇年代から九〇年代のホームデポのめざましい成功をきっかけに知られるようになった業種である。ホームデポの当初の価値提案は、男性中心のＤＩＹ愛好家に、住宅リフォームに必要な資材と助言を、既存の選択肢（業者を雇う、金物店で購入するなど）よりも安くもたらすというものだった。ホームデポは平均床面積一万二〇〇〇平方メートル（東京ドームの約四分の一）という巨大倉庫のような店舗で、どこよりも豊富な品揃えを提供した。訓練の行き届いた販売員（多くが元修理工）が買い物客に助言を与え、巨大な店舗を案内した。ホームデポは日曜大工だけでなく、中小の業者にも人気を博した。どちらの顧客層にも、品揃えのよさと安い価格が魅力だった。

ホームデポにはきわめて魅力的な価値提案と圧倒的な競争優位があったため、業界の既存企業の多く、特に店舗の床面積が二、三〇〇〇平方メートルの典型的な地域チェーンが廃業に追いこまれた。一九八八年頃になると、当時アメリカ最大のＤＩＹチェーンだったロウズは不吉な前兆を見てとった。新しい戦略を打ち出さなければ、ホームデポの成功の次の餌食にされてしまう。

ホームデポの低価格に対抗するために、ロウズはホームデポの大規模な店舗フォーマットを模倣した。だがこのときロウズは、ホームデポが満たしていないあるニーズを発見し、これを中心に据えて特徴ある戦略を築いたのである。数千の顧客を調査したところ、大がかりな住宅リフォームでは、特にデザインやファッションが絡む場合、男性でなく、女性が主導権を握っていることがわかった。この洞察が、ロウズの新しい価値提案の基盤になったのだ。

女性のニーズに集中したことで、商品のとり揃えと販売方法に関して、いくつかのトレードオフが生じた。ロウズは女性客を呼びこむという方針に合わせて、ホームファッション、キッチン、園芸と造園、装飾品、生活家電に特に力を入れている。一般商品にはホームデポに負けない価格をつけるが、利ざやの大きい独自商品やファッションアイテムの比率を高めるという方針をとっている。

トレードオフはその性質上、戦略を持続可能にする選択である。なぜなら対抗するのも、無力化するのも難しいからだ。

ホームデポのように商品を平台や棚に積み上げて陳列する代わりに、ロウズはキッチンや窓周りの装飾品を、本物の家を飾るようにして陳列した。このトレードオフは、スペース効率では劣ったが、同社がねらう顧客層にはぴったりだった。倉庫のような雑然とした空間から一転、天井を低く照明は明るくして、人目を引くディスプレイを施した。また価値提案に適した店舗フォーマットを保つために、もう一つの重要なトレードオフを行なった。業者向けに、離れた場所にある別の建物で別部門を通じて対応した。

品揃えと買い物体験についてこのような決定を下したことで、ホームデポより頻繁に、より少量の商品を店舗に補充する必要が生じた。これはコストに影響するもう一つの重要なトレードオフだ。どちらの企業にも、店舗に商品を補充する方法について、特別に調整された手法がある。要するに、ロウズはホームデポのすべてを模倣しなかった。異なるバリューチェーンに支えられた、異なるポジショニングを開拓したのだ。ロウズの方がうまく対応できる顧客やニーズもあれば、ホームデポの方がうまく対応できるものもある。両社の戦略を堅牢にしているのは、それを実行するうえで欠かせない、数々のトレードオフなのだ。ロウズはホームデポの選択と両立し得ない選択を行なうことで競争優位を実現しているし、ホームデポも同じだ。

ロウズは二〇〇〇年代初頭には売上と利益の伸び率でホームデポを上回った。ロウズを早くも「勝者」と称えたアナリストもいた。だがポーターにいわせれば、この考え方こそ、独自性を目指す競争を阻害する、破壊的なゼロサム思考だ。当時ホームデポは業績が低迷していたが、それは戦略がまずいせいではなく、店舗での実行がうまくいっていないのが原因だった。

ロウズはいまや業界内の全企業にとって必須となったホームデポの成功要因を賢明にも模倣したが、独自のポジショニングを打ち出す分別も併せもっていた。業界には両社が独自の道を追求しながら共存共栄できる余地があった。とはいえ、最近ではホームデポの方がロウズの戦略を模倣している。たとえば女性客を呼びこむために、マーサ・スチュワートによる室内装飾の新ラインを加えるなど。ただし重要なトレードオフを損なう模倣は、競争優位をも損なうおそれがあり、この手の策も度を越すとその危険性がある。

何をやらないかを選択する

トレードオフは、「何をやらないか」の選択を、「何をやるか」の選択と同じくらい重要なものにする。戦略を策定するにあたっては、どのニーズに対応し、どの製品を提供するかを決定することが重要なカギを握る。だがこれと同じくらい重要なのが、どのニーズに対応しないか、どの製品や機能、サービスを提供しないかの決定だ。難しいのはここからだ――この決定を守り抜かなくてはならない。

企業は顧客基盤と売上の拡大を図ろうとして、時とともにますます多くの機能や特徴を製品に詰めこむ傾向にある。「多いことはよいことだ」の哲学にあらがうのは難しい。おなじみの理屈が「機能の自己増殖《フィーチャー・クリープ》」を招く。ほんのわずかなコストで機能を追加できる、売上を伸ばさなくてはならない、ライバル企業の製品に対抗する必要がある、顧客がそれをほしがっている、等々――（非営利組織が抱える似たような問題に、有力な後援者や職員の歓心を買うために、目標を外れたプロジェクトを行なう「任務の自己増殖《ミッション・クリープ》」がある）。

これは最高を目指す競争へと続く、転落の坂道だ。何かを万人に提供しようとすると、競争優位を下支えしているトレードオフを緩和してしまうことが多い。長年にわたって競争優位を持続させてきた組織は、あまたの猛攻から主要なトレードオフを守ってきたことがわかる。

何かを万人に提供しようとすると、競争優位を下支えしているトレードオフを緩和してしまうことが多い。

こうした猛攻は、業界を席巻する新しいトレンドという形をとることが多い。一九五〇年代には新技術の波——電磁波、急速冷凍、人口香料など——が食品業界を一変させた。だが新鮮な食材を使ったできたての食品をウリにするハンバーガー専門店イン・エヌ・アウト・バーガーは、食品業界の最新流行を受け流すことに決めた。マクドナルドなどが冷凍の牛肉パティに切り替えるのを横目に、創業者ハリー・スナイダーはもう一方の分かれ道を歩むことにした。専属の肉屋まで雇い、信頼できる供給元から新鮮な牛肉を調達したのだ。

一九九〇年代末にはほとんどの証券会社が、とり残されるのはごめんだとばかりに、こぞってオンライン取引に参入した。唯一の例外が、第4章で紹介した個人向け証券会社エドワード・ジョーンズである。エドワード・ジョーンズはつつましく保守的な投資家との長期的な関係を軸にした、特徴ある戦略を築いた。こうした顧客は業界でないがしろにされがちだった。先に見たように、エドワード・ジョーンズが緻密な店舗網を張りめぐらせているのは、同社の選んだ顧客がコールセンターの聞き慣れない声ではなく、担当者との顔の見える関係を望むからだ。ジョーンズはパーソナルな対応を行なうだけでなく、顧客が単純で手堅い金融商品と、着実でリスクの低い長期投資戦略に価値を認めることを心得ている。

ドットコム・ブームに沸く一九九〇年代には、オンライン取引を提供せよという、業界やメディア、それに社員からの強い圧力にさらされた。時代遅れと批判された。だが経営陣はトレードオフの力を正しく認識すべしというポーターの教えに従い、一歩も引かなかった（ちなみに同社は業界の残り少ない共同経営会社である）。メディアはオンライン取引を「次の大きな波」ともてはやしたが、それは顔の見える関係と長期投資を重視するジョーンズの姿勢にはまるでなじまないものだった。

　今日エドワード・ジョーンズの公式サイトを訪れると、「私たちがノーというとき」というタブがある。ここには同社がやらないことが列挙されている。相場師やデイトレーダーはお断り。デリバティブや商品先物、投機的な低位株は扱わない。オンライン取引は「性急な意思決定を促す」ため提供しない。このようにして、同社が投機家ではなく投資家を求めていることを、将来のクライアントに伝えているのだ。こうしたトレードオフは、一筋縄ではいかない。たしかにエドワード・ジョーンズは儲けるチャンスをみすみす逃している。しかしその一方では、ポーターのいう「競争における最大のパラドックスの一つ」を解決したのだ。顧客を失うことを恐れて、トレードオフに二の足を踏む企業幹部は多い。だが皮肉なことに、トレードオフを行ない、あらゆる顧客のあらゆるニーズに対応しないことを意図的に選択しない限り、どんな顧客のどんなニーズにもうまく対応することはできないのだ。

　何をやらないかをはっきり打ち出す。これが、やると決めたことで成功する最良の方法だ。企業は戦略的トレードオフを受け入れ、一部のニーズに意図的に対応しないことによって、自ら選んだニーズに初めて真剣に対応することができる。いいかえれば、戦略におけるトレードオフの役割は、一部の顧客を意図的に不満にさせることなのだ。サウスウエスト航空には、伝説のCEOハーブ・ケレハーが、ある得意客に対処したときのおもしろい逸話がある。この客は飛行機に乗るたび苦情の手紙を書いてくるので、社内では密かに「ペンパル」と呼ばれていた。ここでサウスウエストの戦略に欠かせない、数々のトレードオフをおさらいしてみよう。座席指定なし、ファーストクラスも機内食もなし。航空機はボーイング七三七型機だけ。荷物の移送もしない。ペンパルは、サウスウエストのこうした選択のほとんどに苦情をいってきた。顧客関係担当者は苦情の手紙にいちいち丁寧に返答していたが、そのうち途方に暮れてしまった。そこでハーブに一筆書いてほしいと頼んだ。ハーブはすぐに返事をしたためた。

「親愛なるミセス・クラブアップル、お会いできなくなるのがさみしいです。愛をこめて、ハーブより」

ハーブ・ケレハーの伝説はおもしろいだけでなく、ためになるものも多い。競争優位を構築し持続させるには、独自性を曖昧にするさまざまな計画に、断固ノーといい続けなくてはならないのだ。顧客はつねに正しいという考え方は半面の真理であり、凡庸な業績を招く。トレードオフは、あらゆる顧客に望み通りのものを与えるべきでない理由を説明する。顧客の全員が全員、自社で対応すべき顧客ではない。そのような顧客は、理想をいえばケレハーのように持ち前のしゃれっ気とユーモアをもって追い払うべきなのだ。

ポーターの言葉でいいかえるとこうなる。

「戦略とは競争においてトレードオフを行なうことである。戦略の本質とは、何をやらないかを選択することだ」

第6章 適合性

――戦略の増幅装置

本章では優れた戦略の第四の条件、ポーターが「**適合性（フィット）**」と呼ぶものをとりあげる。適合性は、バリューチェーン内の活動をどのように連携させるかに関わる問題だ。適合性が戦略において果たす役割を考えると、また別のよくある誤解が浮き彫りになる。それは競争での成功が、たった一つの**コアコンピタンス**、つまり企業が非常に得意とする一つのことによって説明できるというものだ。これの何が誤っているかといえば、優れた戦略はたった一つのものごと、たった一つの選択によって成り立っている考える点だ。それに、優れた戦略がいくつかの独立した選択から生まれることもまずない。優れた戦略は多くのものごとのつながりに、つまり相互依存的な選択を行なうことによって成り立っている。

優れた戦略は多くのものごとのつながりに、つまり相互依存的な選択を行なうことによって成り立っている。

第４章では企業が自らの価値提案とバリューチェーンについて行なう一連の選択が、競争優位をもたらすと説明した。こうした選択がトレードオフを伴うとき、戦略は価値を増すとともに、模倣しにくくなる（第５章）。適合性は、これら二つの効果をさらに高める「増幅装置」と考えるとよい。適合性は、コストを下げる、または顧客価値（と価格）を高めることによって、戦略の競争優位を増幅させる。また適合性は模倣に対する障壁を引き上げることで、戦略の持続性を高める。

適合性の考えは、ある意味では直感的にわかりやすい。競合企業との競争に必要な、さまざまな職能分野を連携させることの重要性――と難しさ――は、企業幹部なら誰でも知っている。一般にマーケティング、製造、サービス、ＩＴなどの分野を同じ方向に引っ張るのは、特に大規模な組織の場合、生易しいことではない。だがポーターは連携よりもさらに重要なことを明らかにした。適合性は競争において、思った以上に大きく、複雑な役割を果たすのだ。

適合性とは何か？

第4章では企業の行なう活動が、価値提案とどのように関係するかを説明した。本章では活動同士の関係について考える。まずはイケアが特別に調整された活動について行なった選択のうち、一二個を選んで見てみよう。

1. 製品デザイナーのネットワーク（管理された製品開発）
2. 中央管理されたグローバルなサプライチェーン（製造委託）
3. 巨大な店舗
4. 店舗とつづきの倉庫（店舗レイアウトのなかで最後に立ち寄る場所）
5. 高速道路へのアクセスがよい郊外の立地
6. 広い無料駐車場
7. ショールームのフロアに店員を配置しない
8. 本物の部屋を模したモデルルームに商品を陳列
9. 全商品に情報（価格、サイズ、材質）を記載した大きなタグをつける
10. フラットパックに梱包された商品（製品の組立と配送を「顧客に外注」）
11. 店内のカフェテリア

12．店内の託児所／遊戯室

フラットパックは第5章で見たように、輸送と破損に関わるコストを下げることで、イケアの競争優位に大きく貢献している。つまりフラットパックは独立した選択として、イケアの低価格というポジショニングを支えている。都市周辺部は地価が安いため、郊外の立地もコストを抑える。だがこの二つの選択は当然ながら、相互依存の関係にある。車で行きやすい場所に店があり、購入品を車に積みやすいことが、フラットパックの価値を増幅しているのだ。

活動のリストを一つひとつ見ていくと、こうした適合性の例がたくさんあることがわかる。巨大な店舗のおかげで、グローバルな製品調達の価値がさらに高まる。顧客の平均滞在時間が長くなるほど、巨大店舗の価値は高まる。無料の託児所と店内のカフェテリアがあるからこそ、顧客はゆっくりくつろげる（し、スウェーデン風ミートボールが好きなら食事も堪能できる）。これらの選択の一つひとつが、互いに価値を高め合っている。どの選択も、顧客に安い価格を提供するのに役立っている。巨大な店舗レイアウトだからこそ、本物の部屋を模したモデルルームに全商品を陳列する空間ができる。こうしたディスプレイと製品につけられた大きな情報タグのおかげで、店員がいなくても顧客が困ることはない。これも、一つの活動が別の活動の価値を高める結果生じる、コスト節減効果の一例だ。実際、この定義を議論の叩き台にするのも悪くない。適合性とは、ある活動の価値やコストが、ほかの活動がどのように行なわれるかによって影響を受けることをいう。

適合性とは、ある活動の価値やコストが、ほかの活動がどのように行なわれるかによって影響を受けることをいう。

イケアのバリューシステムのメリットを満喫するには、車が欠かせない。これに対して、ZARAで買い物をする人は、ほとんどが徒歩でやってくる。ZARAは世界最大の売上を誇るスペインのアパレル小売インディテックス・グループの子会社だ。ZARAの店舗は大都市の中心部の人通りの激しい一等地にある。ZARAは人気抜群のファッションブランドを築いており、フランス女性のほとんどにスペイン企業ではなくフランス企業だと思われているほどだ。

ZARAは最新流行の洋服を、手頃な価格で販売する（絶対的に安いわけではないが、高級ファッションブランドに比べれば安い）。この価値提案を実現するための重要な洞察は、スピードにある。ZARAが行なうことはすべて、店舗に最新コレクションを迅速に届けるために特別に調整されている。ファッション小売業者にとって許容できるリードタイムは、通常三カ月といわれる。ZARAの場合はそれがわずか二週間から四週間と驚異的に短く、だからこそ年に一〇〇〇回も新作を投入できるのだ。

この猛烈なペースが可能なのは、ZARAのバリューチェーンが端から端までコントロールされており、かつバリューチェーンに関わる選択のすべてが競合他社と異なるからだ。ＺＡＲＡはブランドの宣伝や商品のデザイン、製造、物流、在庫管理などの方法について、重要なトレードオフを行なっている。ＺＡＲＡの成功をもたらしているのは一つの選択ではなく、こうした多くの選択が組み合わさって相互に補強し合う、その方法なのだ。

ＺＡＲＡを、特徴ある価値提案を最適な方法で実現すべく設計された、一つのシステムと考えるとわかりやすい。ここで「最良の」ではなく「最適な」という言葉を使ったのは、ＺＡＲＡがやっていることを一つひとつ見ていくと、意外な選択が行なわれていることがわかるからだ。選択のなかには、たとえばＺＡＲＡの低価格というポジショニングを考えると、とてもコスト効率がよいとは思えないものもある。デザインチームは大所帯で、同じヨーロッパの人気ファッションメーカーＨ＆Ｍと比べると人員は二倍だ。ＺＡＲＡは競合他社と違って製品を自ら製造しており、しかもそのほとんどをアジアでなくヨーロッパで行なう。店舗は街中の最も賃料の高いエリアにある。こうした選択は、単独で見ればどれ一つとして「低コスト」をもたらす方策ではない。だが一歩下がってすべてを一つのシステムとして見ると、ＺＡＲＡが全体を最適化するために、一部の分野であえて最適ではない選択を行なっていることがわかる。

ＺＡＲＡは具体的にこれをどのようにしてやっているのだろう？　パズルのピースがどう組み合わさっているかを見てみよう。第一に、デザイナーの役割は、トレンドを見つけ出し、まねることだ。大物デザイナーに大枚払って新しいものをつくらせる代わりに、世界中にいる偵察員に、ショーやナイトクラブなどで最新のファッショントレンドを探らせる。社内のデザインチームは、人数が多いおかげで新作コレクションの創作を一月《ひとつき》以内、既存コレクションの手直しなら二週間以内に完了できる。チームの規模が大きいからこそ、トレンドをすばやくとり入れ、新しいデザインを短期間で製造に回すことができる。

ＺＡＲＡはもとは小売業者ではなく製造業者として始まり、そのルーツにたがわず、いまもかなりの商品をヨーロッパ各地にある、小ロット生産用に構成された自社工場で内製している。スペインの集中型物流センターからヨーロッパ全域に散在する店舗に商品を二四時間以内に届けるために、自前のトラック部隊をもっている。またこれも業界の実践に反しているのだが、洋服は値札をつけられハンガーにかかった状態で店舗に届けられる。この方法は輸送コストがかさむが、商品はそのまま売れる状態で届くため、店舗でアイロンをかける必要がない。なにせテーマはスピードなのだ。

店舗そのものも、人通りの多い一等地にあるにもかかわらず、広々としている。だが週に二度届けられる新作は、少しずつしか入ってこない。これが「いま買わないとチャンスを逃す」という、明確なメッセージを発している。ＺＡＲＡは店員から売れ筋商品や売れ残りに関するフィードバックを絶えず得ており、この情報をもとにデザインや製造量について、より的確な判断を即時に下すことができる。

次は顧客体験について考えてみよう。次々と入ってくる新作、広告塔を兼ねた人目を引く店舗、少ない商品。これらが組み合わさって話題を呼ぶ。ZARAで買い物をした人は、友人にZARAの話をする。商品が入れ替わることを知る顧客は、足繁く通ってくる。店舗の前を通るだけで、品揃えが変わったことがわかる。

こうしたすべてがZARAの優れた業績と競争優位をもたらしている。ZARAの財務成績のどこに、その優位が表れているのだろう？　一つ例をあげよう。ZARAの顧客は類似店の顧客に比べてより頻繁に買い物をし、より多くの品を定価で購入する。数年前に見たデータでは、ZARAが全商品の一〇％を割引価格で販売していたのに対し、業界平均は一七％から二〇％だった。小売業でこの差は大きい。そしてZARAの値下げ販売での優位は、たとえば商品担当者の賢明な購買決定など、たった一つの選択が生んだわけではない。ZARAの「システム」を構成する数多くの選択がもたらした成果なのだ。

ZARAの優位が損益計算書に表れている例をもう一つあげよう。たいていのファッションブランドは、多額の宣伝費をかけて構築され、支えられている。広告宣伝費対売上高比率は業界平均で三％から四％、またライバル企業のH&Mは約五％である。これに対しウォルマートなどの総合小売業は、売上の〇・三％にも満たない。だがZARAの選択した活動間の適合性がどれほど大きな意味をもつかを考えれば、ZARAの宣伝費比率がウォルマート並みだと知っても驚かない。店舗の立地には他社より多くの金をかけるが、広告宣伝にはほとんどかけない。ZARAは数々の選択を組み合わせることで、広告宣伝に多額のコストをかけなくとも顧客を熱狂させることができるのだ。

適合性のしくみ

適合性にはいくつかの形態があるが、現実にははっきり区別できないことも多い。ポーターがあげる三種類の適合性は、それぞれ少しずつ違う方法で作用して、競争優位に影響をおよぼす。

第一の適合性は、**基本的な一貫性**だ。これは、一つひとつの活動が企業の価値提案と連携して、価値提案の主要なテーマに少しずつ貢献する状態をいう。たとえばZARAの成功のカギを握る、スピードについて考えてみよう。ZARAは何ごとにも必要以上の時間がかからないよう、バリューチェーン内のすべての段階の活動を組み合わせている。すばやい対応が可能なデザインチームを構成し、工場を近くに配置し、自前のトラック部隊で迅速な配送を保証し、IT投資によりデザイン部門と製造部門の敏速なコミュニケーションを確保している。これら一つひとつの活動が、スピードに貢献する。このようにZARAは基本的な一貫性の条件をクリアしている。

活動が一貫性に欠けると、互いの効果が打ち消し合う。以前私が担当していたクライアントは、大手ディスカウント業者に低価格で靴下を供給するというポジショニングをねらっていた。工場責任者がコスト削減に励むかたわら、営業部隊は大小問わずあらゆる小売顧客から、特注対応が必要な珍しい色の靴下の注文を——ときには積極的に——受けていた。珍しい色といっても、普通に考えるような色ではない。白ならそれこそ何百種類とあり、染料の配合がそれぞれ違ううえ、工場は顧客の注文量よりも大きなロットで製造する必要があった。結果、靴下の在庫は積み上がり、それを全部つなげると地球一周分にもなった（これは「数字」に振り回された企業の好例だ）。営業部門と製造部門の連携不足に悩む企業は珍しくない。数字に表すと、一貫性とは一＋一＋一＝三のことであり、三未満にはけっしてならない。だが活動が一貫性に欠けるとき、全体は部分の総和に満たない。

第二の適合性は、**活動が互いを補完または補強するときに生じる**。一つひとつの活動の価値が、ほかの活動によって高められる、真の相乗効果だ。ZARAの人通りの多い立地にある店舗と多数の新作は、互いを補強し合う。店舗が非常に目立つ場所にあることが、二週間に一度在庫商品を回転させるという目標の達成に役立っている。大きなディスプレイ・ウインドウは、顧客を引き寄せる灯台のようなものだ。

また別の例として、ネットフリックスは映画の膨大な品揃えを会員に提供している（当初は地域倉庫にDVDの在庫を置いていたが、最近ではデジタル配信が増えている）。ユーザー発信型の映画の評価システムが人気を集め、二〇一〇年時点で評価数は一〇億件を超えていた。「われわれが解決を図ろうとしている本当の問題は」と同社のCEOリード・ヘイスティングスは語っている、「消費者が気に入る映画をいつでも見つけられるような品揃えにどうやって変えていくかだ。これはマッチングの重大な問題だ。いますでに五万五〇〇〇タイトルのDVDを提供している。アメリカには三億人の人がいる。だがほとんどの人が、観たくてたまらない映画を一〇本もあげられないのだ」。評価システムと映画の膨大な品揃えは補完的な関係にある。レビューは会員の映画の嗜好を広げ、豊富な品揃えの価値をさらに高めている。

ホームデポも、活動が相互に補強しているもう一つの例だ。ホームデポの基本的な価値提案を支える足は三本ある。膨大な品揃え、毎日が特売価格、知識豊富な店員によるサービスだ。これらを全部合わせて提供した企業はこれまでなかった。巨大な倉庫型の店舗は、豊富な品揃えと低価格を提供するうえで絶対に欠かせない。しかし優れたサービスがなければ、顧客は倉庫型の店舗で途方に暮れていただろう。

一九七〇年代末に創設者のバーニー・マーカスとアーサー・ブランクは、知識豊富な人材を従業員に雇い（当時は斬新な考えだった）、高給を与え、顧客奉仕の文化を教えこんだ。たとえば従業員は顧客に商品の場所を尋ねられたら、売り場まで直接案内しなくてはならない。マーカスは、従業員が顧客を連れて行かずにただ指差して場所を教えている現場を目撃したら、「指をもぎとってやる」といったと伝えられている。ホームデポでは店舗の大きさとサービスが互いを補強し合った。サービスがなければ、巨大店舗は成功しなかったはずだ。

ホームデポとイケアを比較対照すると、おもしろいことに気がつく。どちらも低価格のポジショニングを大規模な店舗フォーマットによって支えているが、ホームデポのポジショニングと幅広い品揃えが、サービスなしでは成り立たないのに対し、イケアでは逆にサービスを不要にしている。どちらの事例でも、トレードオフとバリューチェーン全体を通じた適合性は、戦略に固有のものだ。

ポーターの第三の適合性は**代替**だ。ある活動を行なうことで、ほかの活動を行なわずにすむようになる場合に生じる。イケアの本物の部屋のようなディスプレイと製品につけられたタグは、店員を代替する。ＺＡＲＡの絶好の店舗立地と商品の回転の速さは、従来型の宣伝を不要にしている。最近の企業はサプライヤーや顧客と手を組み、企業という枠にとらわれずにさまざまなとりくみを最適化しようとしている。たとえばデルは大口法人顧客のために、新品のPCに特注ソフトウェアをインストールする。顧客企業のIT部門が届いたPCに一台ずつソフトウェアをインストールするより、デルが組み立て工程でやった方が早いしコストも安い。この代替によって総コストが抑えられるため、デルは浮いた金の一部を顧客に還元できる。このように代替には企業のバリューチェーンを最適化するはたらきがある。

三つの適合性はどれもよく見られ、重なり合うことも多い。一般に優れた戦略をもつ企業では、適合性が随所に見られ複雑である。

column

活動システムをマッピングする

ポーターは「活動システム・マップ」と呼ぶツールをつくった。これは企業の主要な活動と、活動と価値提案との関係、活動間の関係を図に表したものだ。

これをやるには、まず価値提案の核となる要素をあげる。たとえばイケアについて、次の三つを考えてみよう。特徴あるデザイン、低価格、即日使えることだ。

次に事業で行なわれている最も顕著な活動、たとえば顧客価値の創出と最も関係が深い活動や、多額のコストを生じる活動などを特定する。当該企業がそれぞれの段階で選択した独自の活動を書き出してみよう。これをすることで競合他社との対比が明らかになる。たとえばイケアのバリューチェーンと従来型の家具店のバリューチェーンをざっと比べただけで、イケアの店内サービスと配送の独自の組み合わせが浮き彫りになる。

続いて以下のようなマップに活動を書きこみ、適合性が存在する箇所を線で結ぶ。つまり活動が価値提案に寄与している箇所や、二つの活動が互いに影響をおよぼし合う箇所だ。イケアのマップでは、フラットパックが低価格とすぐに手に入る喜びに一役買っている。フラットパックのおかげで顧客が自分で家具をもち帰れるからだ。イケアの活動をまるご

イケアの活動システム・マップ

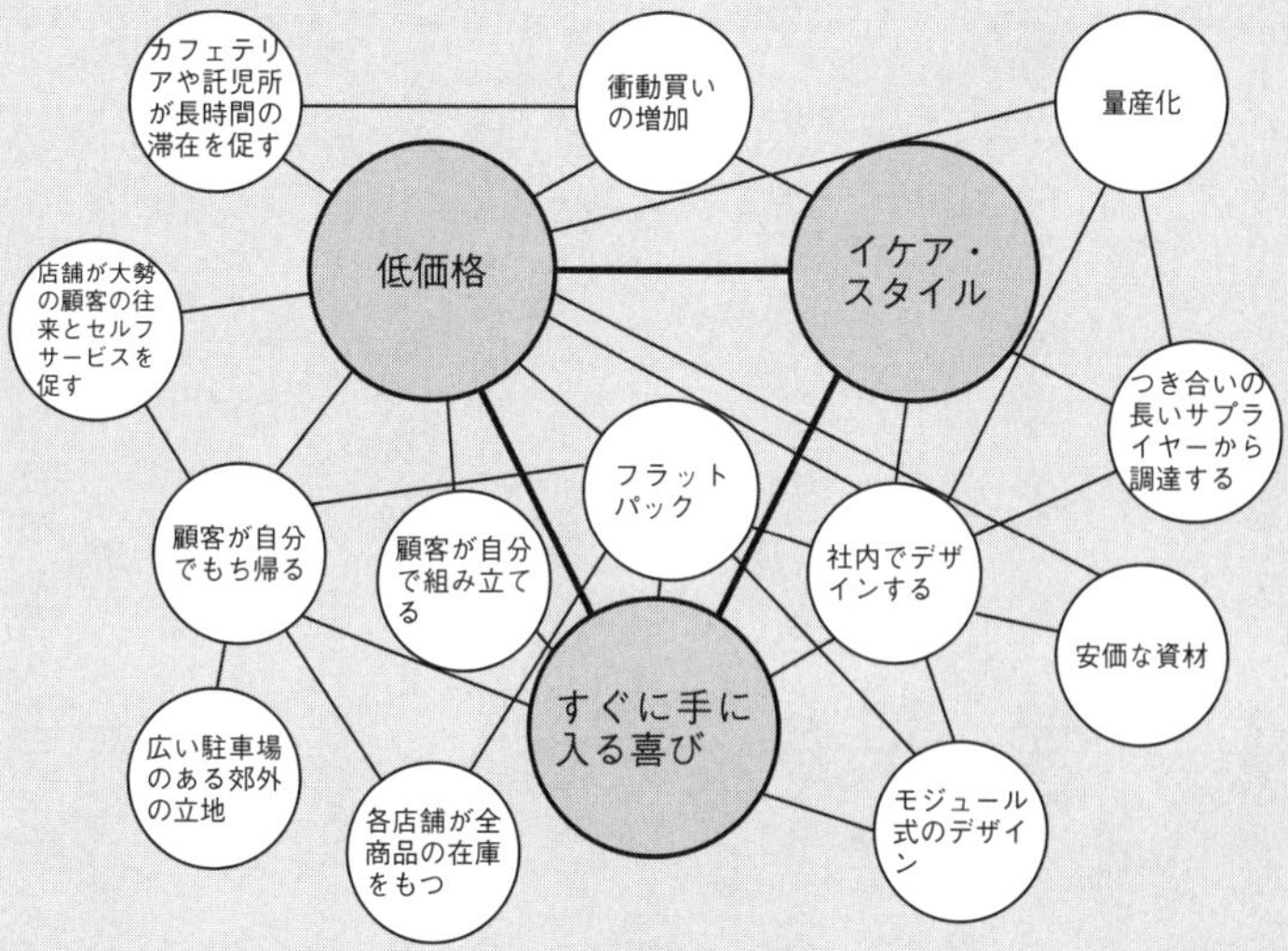
カフェテリアや託児所が長時間の滞在を促す
衝動買いの増加
量産化
店舗が大勢の顧客の往来とセルフサービスを促す
低価格
イケア・スタイル
つき合いの長いサプライヤーから調達する
フラットパック
顧客が自分でもち帰る
顧客が自分で組み立てる
社内でデザインする
安価な資材
すぐに手に入る喜び
広い駐車場のある郊外の立地
各店舗が全商品の在庫をもつ
モジュール式のデザイン

とマッピングすると、緻密に絡み合う蜘蛛の巣状のマップができあがる。この形状は戦略にとってプラスになる。反対に結びつきが少ないマップは、戦略の脆弱性を示すことが多い。

活動マップを使うことで、それぞれの活動が全体的なポジショニング（どの顧客に対応し、どのニーズを満たし、相対的価格にどの程度寄与しているか）をどれだけよく支えているかを把握できる。注文処理や物流など、一見ごく一般的に思える活動を含むあらゆる活動について、全体的な戦略との連動を高める方法はないか考える。どんな組織にも、戦略とは無関係と思われ、十分な連携が図られていない活動があるものだと、ポーターは指摘する。

活動マップは適合性を強化する方法を見つけるのに役立つ。各活動の責任者に聞けば、活動の成果がほかの活動によって阻害されていないかどうかはたいていわかる。それに活動間の適合性を高める方法について、何かアイデアをもっているかもしれない。基本的な一貫性以外にも目を向けよう。活動を互いに強化し合う方法や、何かの活動で別の活動を代替する方法はないだろうか？

また活動マップを使うことで、戦略の持続性を高める斬新なアイデアが浮かぶかもしれない。いま、ある活動システムによって、コストや効率性を高められるような活動はないだろうか？　新しい活動でもいいし、既存の活動に手を加えてもいい。いま行なっている活動を利用して提供できる（かつ競合他社には提供できない）新しいサービス、機能、製品はないだろうか？　この種の拡張は、競合他社にとって最も模倣しづらいものだ。

適合性とコアコンピタンス

ポーターのいう適合性は、「競争優位はどこから生まれるのか？」という、戦略に関する根源的な疑問に新しい手がかりを与えてくれる。競争優位を模索する企業は、最重要資源《クリティカル・リソース》、中核的な組織能力《ケイパビリティ》、主要成功要因《KSF》など、さまざまな名前で呼ばれるものに注目することが多い。これらの用語は厳密には違いがあるが、経営者はたいてい同じ意味で使い、コアコンピタンスという包括的な用語でひとくくりにしている。どの用語も同じような考え方を反映している。競争優位は、目に見えないスキルであれ、実物資産であれ、ほんの一握りの要因から生まれる。だから競争に勝つには、こうしたコアコンピタンスを手に入れ、磨きをかければいいというのだ。

戦略でありがちな間違いは、業界内の全企業がまったく同じコアコンピタンスを手に入れようとすることだ。競争で重要なのは一握りの要因だと思いこみ、その重要なものをわれ先に手に入れようとしのぎを削る。これまでありとあらゆる業界が、「戦略的」資源の支配をかけて、争奪戦を繰り広げてきた。たとえば顧客基盤（携帯電話加入者など）や流通チャネル（テレビ局、ケーブル・システム、株式ブローカーなど）、製品ポートフォリオ（映画ライブラリーなど）など。そしてそのあげく、コストを自らつり上げてしまうのだ。AT&Tがこの典型だ。

同社は一九九九年から二〇〇〇年にかけてTCIとメディアワン、それにケーブルビジョンの一部を総額一三〇〇億ドルで買収した。そのわずか二年後、これらの資産はコムキャストに四四〇億ドルで売却された。おやおや。競争に対するこのような姿勢が何をもたらすかは、もうおわかりだろう。模倣、競争の収斂、そして最高を目指すゼロサム競争である。

戦略でありがちな間違いは、業界内の全企業がまったく同じコアコンピタンスを手に入れようとすることだ。

適合性とは、どの一部分よりも全体が優先され、一握りの要因が別々にではなく、多くの要因が組み合わさって価値を生み出すということだ。たとえばZARAの成功は何によって説明できるだろう? 優れたファッションセンスだろうか? ヨーロッパの柔軟な生産方式だろうか? 店舗の立地? それとも独自の物流体制だろうか? 一つや二つのコアコンピタンスを探ったところで答えは見つからない。答えはZARAが行なうすべての価値創造活動の適合性にあるのだ。ZARAの戦略は、一連の選択を同時に行なうことで成り立っている。つまりZARAの成功をもたらしているのは、相互に依存する活動が織りなすシステム全体であって、一つや二つの強力な部分ではない。ZARAが活動を組み合わせるにあたって行なったさまざまなトレードオフと、それら活動が互いに与え合う影響が相まって、成功をもたらしているのだ。
　適合性とは、一つひとつの活動が――および活動に必要なスキル、能力、資源が――システム全体とも、戦略とも切り離せない状態をいう。サウスウエスト、ＺＡＲＡ、ホームデポ、ロウズ、エンタープライズ、ジップカー、イン・エヌ・アウト・バーガー、マクドナルド、エドワード・ジョーンズ、ネットフリックスなどの企業は、「コアコンピタンス」をもち、なおかつそれをポジショニングに活かすことで、価値を生み出している。

column

コアを残し、それ以外を外注する？　早まってはいけない

　自社のコアコンピタンスは何だろう？――これを考えるとき、活動の調整やトレードオフ、適合性に無頓着な企業が多いのではないだろうか。もしほんの一握りの要因が成否を決めるなら、それ以外のたくさんのことはどうでもよくなる。多くの企業がコアコンピタンスの論理を信奉し、戦略への影響をよく考えもせずにアウトソーシングを進めている。企業はコア活動に注力すべし、というのがおきまりのいい分だ。「コア」でないものは、もっと効率的な業者に任せればよい。

だが戦略において適合性が果たす役割を考えると、アウトソーシングについて慎重にならざるを得ない。どの活動が「コア」なのかを見きわめるよりも、もっと大事なことがあるとポーターはいう。どの活動が一般的で、どの活動が特別に調整されているのか？　一般的な活動、つまり企業のポジションに合わせて意味のある調整ができない活動は、より効率的な外部の業者にアウトソーシングして問題ない。だが戦略に合わせて特別に調整できる活動、特にほかの活動を強力に補完するものをアウトソーシングするのはリスクが高いとポーターは警告する。バリューチェーン内にとどまる要素が少なくなればなるほど、調整、トレードオフ、適合の機会も限られる。

アウトソーシングするという当初の決定は、短期的にはほぼ必ずコスト削減をもたらす。だがコストや競争の収斂への長期的な影響が懸念される。アウトソーシングは、戦略において独自性や適合性を追求する機会を狭めるだけでなく、業界全体の同質化に拍車をかける。

適合性は戦略の持続性を高める

適合性が競争優位を強化するのは、活動の価値を高めたり、コストを引き下げるからだけではない。適合性には、競争優位の持続性を高める効果があるのだ。第5章ではトレードオフの存在が、成功した戦略を競合他社に模倣されにくくすると説明した。適合性は模倣をさらに難しくする。模倣の恩恵を受けるには、相互依存的な活動が織りなす網の目全体を模倣する必要があるからだ。

ポーターは適合性がいくつかの意味で模倣への障壁になるという。第一に、何を模倣すべきかがわかりにくい。ZARAを模倣しようとする企業は、具体的に何を模倣すればよいのだろう？　製品デザインへのとりくみ方だろうか？　店舗構成？　製造業務？　それともトラック部隊だろうか？　ライバル企業は基本的な一貫性はすぐに見抜けても、ポジショニングを支える適合性が複雑であればあるほど、何を模倣すればよいのかがわからなくなる。企業の内部で行なわれていることを部外者が理解するのはとても難しいのだ。

第二に、たとえ重要な相互関係を理解できたとしても、すべてを模倣するのは至難の業だ。適合性を実現するには組織に大きな負担がかかる。製品の機能や営業部隊の手法をとり入れるのは簡単でも、活動システム全体を再現するとなると一筋縄ではいかない。多数の作業グループや部署、職能の全体にわたって意思決定や行動をすり合わせなくてはならない。

適合性は、模倣を企てる企業の行く手にいくつもの障害を置くことで、戦略を模倣されにくくする。ポーターは簡単な算式を使って、これを具体的に説明する。たとえば競合他社があ る活動を模倣できる確率が九〇％だとしよう。システムが二つの活動からなる場合、これを模倣できる確率は八一％だ（〇・九×〇・九＝〇・八一）。だが活動が四つに増えただけで、確率はいきなり六六％（〇・九×〇・九×〇・九×〇・九＝〇・六六）にまで下がる。

適合性は、模倣を企てる企業の行く手にいくつもの障害を置くことで、戦略を模倣されにくくする。

ではどこかの企業がイケアやZARAを模倣できる確率がどれくらいあるかを考えてみよう。戦略を、相互に関連する選択が織りなす一つのシステムと見なせば（図6‐1を参照のこと）、確率が掛け合わさって、優れた戦略の持続性を高めていることがわかる。さらに、適合性は模倣できる確率そのものを引き下げることで、失敗した場合のペナルティを大きくする。それは、活動が相互に関連し合っているからにほかならない。一つの活動のちょっとした欠陥は、ほかの活動に連鎖的に波及する。先にとりあげたブリティッシュ・エアウェイズの格安航空会社ゴー・フライの失敗が、これを如実に物語っている。

最後の点について、ちょっと補足しておきたい。一般に活動間の適合性が高い企業は、戦略においても、その実行においても優れており、したがってそもそも模倣者にねらわれにくいとポーターはいう。なぜだろう？　活動が互いに影響をおよぼし合うとき、どれか一つにでも欠

図6-1　ＺＡＲＡの相互に関連し合う選択

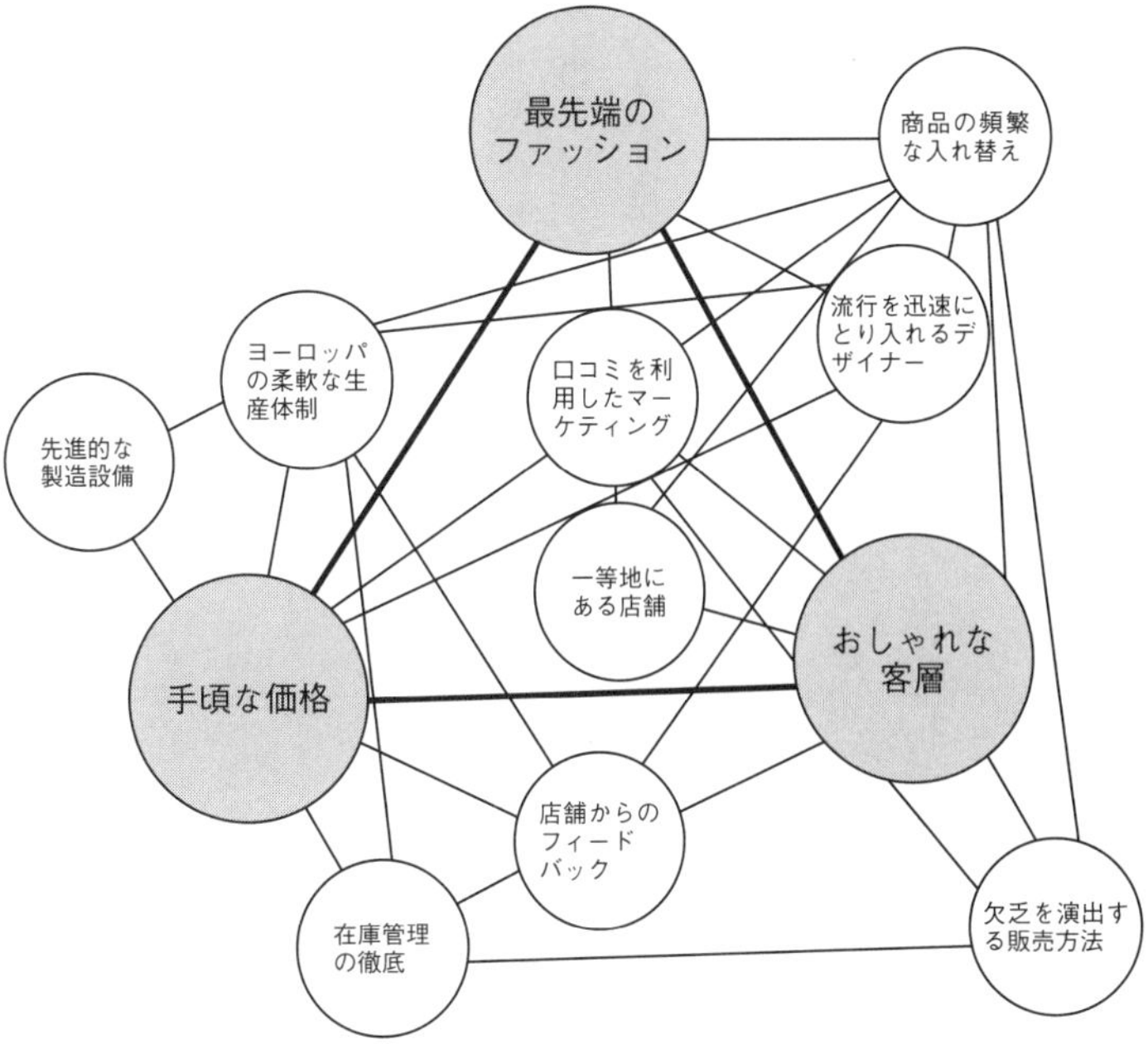

陥があれば、全体のパフォーマンスが損なわれる。そのため弱点が目につきやすく、すぐに対策が講じられる。また業務上の欠陥に対処することで大きな成果が期待できるため、それを要求する圧力がはたらく。この結果企業はさらに強みを伸ばし、ますます模倣しづらくなるのだ。

第4章では、特別に調整されたバリューチェーン――つまり競合他社と異なる活動――が、模倣に対する防御の第一線になるといった。第5章では、トレードオフが防御の第二線になることを説明した。活動の調整とトレードオフは、既存の競合企業が二股（ストラドリング）やリポジショニングによって優れた戦略を模倣するのを阻止する。競合企業は、再構築する活動が多くなればなるほど、既存のポジションをますます損なってしまうのだ。最後に、適合性はどんなに意志の強い新規参入者からも競争優位を守る方法を教えてくれる。最高を目指す競争では、模倣は容易だが優位は続かない。これに対し、企業は独自性を目指せば目指すほど、模倣に動じなくなり、優位を長期的に持続できるようになる。優れた戦略は、すべての部分が継ぎ目なく組み合わさる複雑なシステムのようなものだ。企業の行なう活動の一つひとつが、ほかの活動の価値を増幅させる。これが競争優位を、そして持続性を強化する。「**適合性は**」とポーターはいう、「**活動間の結びつきを強め、最も緊密に結びついたバリューチェーンを生み出すことで、模倣者を閉め出すのだ**」。

第7章 継続性

――戦略の実現要因

さて、とうとう優れた戦略の第五の、つまり最後の条件までできた。この条件は、長期にわたる継続性である。おさらいをすると、第一と第二の条件――独自の価値提案と特別に調整されたバリューチェーン――は、戦略の核にあたる。第三の条件のトレードオフは、戦略を経済的に結びつけるかすがいとして、価格とコストにおける優位性を実現し、持続させる。第四の条件の適合性は増幅装置として、競争優位の真髄であるコストと価格の優位性を強化し、ライバル企業に戦略を模倣されにくくする。そして第五の条件である継続性は、戦略の実現要因だ。戦略をつくるそのほかの要素――活動の調整、トレードオフ、適合性――はどれも実現するのに時間がかかる。継続性がなければ、組織はそもそも競争優位を生み出すことすら望めないのだ。

昨今のビジネス・リーダーは、変化にすっかり気をとられている。彼らは加速する変化にどう対処し、変革への抵抗をどのように乗り越え、大規模な変革のとりくみをどうやって指揮す

図 7-1　優れた戦略の五つの条件

1．独自の価値提案

自ら選んだ顧客層に特徴ある価値を適切な価格で提供しているか？

2．特別に調整されたバリューチェーン

独自の価値提案を実現するのに最も適した一連の活動は、ライバル企業の行なう活動と異なるだろうか？

3．競合企業とは異なるトレードオフ

自社の価値を最も効率的、効果的に実現するために、やらないことをはっきり定めているか？

4．バリューチェーン全体にわたる適合性

自社が行なう活動は、互いに価値を高め合っているだろうか？

5．長期的な継続性

組織が得意なことに磨きをかけ、活動の調整、トレードオフ、適合性を促すことができる十分な安定性が、戦略の核にあるだろうか？

るか、といった助言を山のように与えられている。経営者のために書かれた変革関連の文献や本の多くは、やる気を起こさせることをねらい、組織を奮い立たせる方法を説く。だがそれが高じて、優れた戦略を損ないかねない、行き過ぎた論調を生み出している。いまやどんな変化も、ペースや大きさを無視して十把一絡げに「破壊的」と呼ばれる。「たゆまぬ改革」、「激変」といった言葉は、耳にタコができるほど繰り返されている。

たしかに競争は静的ではなく動的であり、企業活動の舞台は絶えず変化している。顧客のニーズは移ろいやすい。新たな競合企業が次々と現れる。古い技術は進化し、新しい技術が生まれる。こうした変化への対処は、戦略の重要な部分をなしている。かつての誇り高き企業が、変革の必要性を見過ごした、あるいは変革をしくじったために転落した事例には事欠かない。

だが陳腐に聞こえるかもしれないが、継続性も重要なのだ。変革を怠った企業がとかく注目されがちだが、ポーターはそれより大きいとまでは行かなくても、同じくらい大きな過ちがあると指摘する。企業は変化しすぎることがあるのだ。しかも誤った方法で。ポーターにいわせれば、戦略をもつことは——つまり選択を行ない、制約を定義することは——組織が自己変革する能力を損なうものではない。むしろ戦略には適切なイノベーションを促す効果があるのだ。

なぜ継続性が欠かせないのか？

ここまで見てきたように、戦略は、組織が市場をどのように攻略しようとするか、そのとりくみ方のあらゆる側面と関わりがある。戦略は本質的に複雑だ。顧客を理解し、彼らのニーズに応え、真に価値あるものを提供するのに、いったいどれだけのことが必要か考えてほしい。サプライヤーや提携先との関係に気を配る。数え切れないほどの活動を実行し、しかもそれらを価値提案と連携させ、活動間の適合性を図る。そのうえこうしたすべてに、実際にその仕事に携わる数百人、場合によっては数十万人の活動をすり合わせ、連携させる必要が伴うことも忘れてはならない。

料理にたとえていえば、戦略は炒めものではなく、シチューだ。風味や食感はゆっくり時間をかけてできあがる。会社に関わるすべての――内外の――当事者が、会社から何を得られ、何を提供できるかを、時間とともにますます深く理解するようになる。それとともに無数の活動が戦略に合わせてよりよく調整され、活動間の連携性が高まっていく。戦略のこの側面は、人に関わる問題であり、変化を受け入れ処理する能力に関わる問題だ。では継続性がどのようにして競争優位を成り立たせるかを考えてみよう。

◎継続性は企業のアイデンティティを強化する――企業のブランドや評判、顧客との関係を築く。この原則を心得ているのが、昨今の移り変わりが激しく流行に敏感なビジネス文化における異端児、イン・エヌ・アウト・バーガーだ。同社は昔ながらのメニュー（冷凍していない牛肉や生のジャガイモを使い、シェイクは本物のアイスクリーム入り）と古風な価値観（従業員を家族のように大切にする）に誇りをもっている。熱狂的で忠実なファンは、イン・エヌ・アウトで食事をするためならどんなに遠くからでも車を飛ばし、新しい店が開店したと聞けばどんなに長い列にでも並ぶと、得意げに語る。同社の公式サイトには、グッとくる言葉が載っている。「時代は変わっても、ここイン・エヌ・アウト・バーガーではほとんど何も変わっていません」。今日でも「お客さまが一九四八年からお楽しみいただいているもの」とそっくり同じメニューが楽しめる。

ＢＭＷやイケアやディズニーでは、これよりずっと大きな変化が起きている。だがこれらの企業が何を標榜し、どんなニーズに対応できるのか、できないのかを、顧客が誤解するおそれはない。いいかえれば、顧客はそれぞれの企業の核となる価値提案と、主要なトレードオフを理解しているのだ。企業が顧客とのやりとりをくり返しながら、長い時間をかけて一貫して維持してきた優れた戦略は、ブランドに力を与える。

◎継続性があればこそ、サプライヤーや販売店など社外の関係者が、企業の競争優位に貢献できる。これは連携と調整に関わる問題だ。デルは一貫した戦略を継続してきたからこそ、一九九〇年代と二〇〇〇年代前半に、自社のニーズによりよく対応してくれる主要なサプライヤーと建設的な関係を築くことができた。テキサス州オースチンは、倉庫や生産施設を近隣につくるようデルに要請された数百のサプライヤーの拠点となった。このようにして、半導体や電子機器のメーカー、ソフトウェア会社、技術コンサルティング・サービス会社などの**クラスター**が生まれた（クラスターは競争において特別な役割を果たす。くわしくは用語集を参照のこと）。外部の利害関係者は、企業とのつき合いが長くなればなるほど、企業の目標や手法を深く理解するようになる。

メリットは双方にある。スイスの食品大手ネスレが、インドのミルク事業のために地元の酪農家による大規模なミルクの供給基地を設けることができたのは、戦略の継続性を保っているからだ。ネスレは一九六〇年代にわずか一八〇軒の酪農家とともに、冷蔵設備を備えたミルクの集荷所をつくった。長い間にわたって酪農家に技術支援や教育訓練、資材を提供した結果、酪農家は生産性を大いに高め、また大いに繁栄した。ネスレと提携する酪農家は、いまでは七万五〇〇〇軒を超える。

戦略の継続性は、労働市場でも同じような恩恵を生み出す。エンタープライズやサウスウエスト航空のような企業は、企業戦略に即した人材を確保できる。また時間をかけて流通チャネルとの関係を育むことができる。トヨタは高級車レクサスを発売するにあたって、莫大な金額と時間を投じて販売網を構築した。トヨタがこの戦略に長期的にとりくむつもりがなければ、これほどの投資をする意味はなかったはずだ。

◎継続性は個々の活動を改善するとともに、活動全体の適合性を高める。組織は継続性のおかげで、戦略に即した独自の能力やスキルを強化できる。 たとえばアラビンド眼科病院は、一貫した戦略を継続しているからこそ、職員用の特別な研修プログラムや、熟練した眼科医療従事者の供給をインド全土で増やすための教育研修を開発することができた。アラビンドが現在提供する「カリキュラム」は、眼科医の研修医制度から医療機器保守管理技術者向けの講座まで多岐にわたる。あるいはユニークなサービスで知られる、サウスウエスト航空とフォーシーズンズホテルを例に考えてみよう。どちらの企業も長年かけて採用プロセスの改良を図ってきたおかげで、戦略にふさわしいスキルや立ち居振る舞いを身につけた人材を効果的に選別できる。このように、企業は長期にわたって一貫した戦略を追求し続けることで、資産――文化を含む――を戦略に合わせて調整し、模倣されにくくしているのだ。

戦略を継続的に追求する企業では、組織の全員が全社戦略を理解し、それに自分なりに貢献する方法を理解していることが多い。社員は「ピンとくる」回数が増えるにつれて、戦略を強化、拡張するような判断をますます自分で下せるようになる。管理職はちぐはぐだった活動の連携性を高めていける。ここで強調したいのは、スキル開発や連携性は一夜にして実現できるものではないということだ。

継続性が重要だというまさにその理由から、戦略を頻繁に変更する企業は高いツケを払うことになる。そのたびに活動の組み合わせを変え、システム全体の連携を改めて図らなくてはならない。顧客やバリューチェーン内の協力企業に、自社の計画や方針を伝え直さなくてはならず、その際ブランドとイメージの再構築に多額の再投資が必要になる場合も多い。一つ例をあげると、シアーズは一九八〇年代から「日替わり戦略」と揶揄されるほど頻繁に戦略を変更したため、顧客はいったいシアーズは何をしたいのだろうと混乱してしまった。昔から工具や電化製品の販売で知られていたシアーズは、まず金融サービスに進出し、続いてファッション小売に手を出し、それから「株式から靴下まで」という不可解なスローガンのもとに、一つの店ですべてが揃うワン・ストップ・ショッピングを提供した。また「未来店舗」〔売り場の改編〕に始まり、「毎日が特売価格」〔安売り〕、「ブランド・セントラル」〔家電〕、「シアーズのソフトな一面」〔ファッション〕、「グレイト・インドアズ」〔インテリア〕に至るまで、次から次へと新しい計画に飛びついた。同社のある管理職はこう語っている。「本部からすばらしいアイデアが次々とやってきた……どの計画も始まっては行き詰まり、たち消えになった。半年も経つとまた別の計画がやってきた。しばらくすると誰も本部のアイデアを真面目にとらなくなった」

新しい戦略を実行に移すには、数カ月どころか数年かかることも珍しくない。たとえばフォードがCEOアラン・ムラーリーの下で実施した、「ワン・フォード」と銘打ったリポジショニングの例がある。フォードはムラーリーをボーイングから招聘した二〇〇六年、数十年にわたる低迷のただ中にいた。ムラーリーは歴代のCEOが集めたブランドを統括する「個別ブランド戦略」を放棄し、傘下のジャガー、ランドローバー、アストンマーティン、ボルボを売却した。そしてフォード・ブランドに注力し、トラックやSUVから、より小型で環境に優しい乗用車に重点を移しつつある。ムラーリーは世界中の顧客のニーズや志向が収斂すると見ている。つまり一つひとつの市場のために車を設計する意味がますます薄れるということだ。二〇一二年に発売を予定している新型フォーカスは、同社初のグローバル・モデルになる。

新では続いてこのような戦略転換が、二〇万人を擁する会社に与える影響を考えてみよう。新しい構造や体制、プロセスを導入する一方で、古いやり方を排除、忘却しなくてはならない。製品開発を全面的に見直し、製造能力を削減し、労働協約を再交渉し、マーケティングのやり方を改める必要がある。プロセスが開始して四年がたった時点で、フォードの製品の八〇％がグローバル・プラットフォームで製造されるようになるまでにはもう三年かかると、ムラーリーは考えていた。

経営者にとっての課題は大きい。戦略の模倣が凡庸な結果に終わりがちなことを、ポーターが簡単な数式で説明したのを思い出してほしい。それぞれの活動を完璧に模倣できる確率が一より小さいとき、活動が四、五個に増えただけですべてを模倣できる確率は一気に下がる（〇・九の五乗は〇・五九）。頻繁な戦略転換が業績の足を引っ張りがちな理由も、同じ論理で説明できる。活動や実践、スキル、姿勢のなかには、戦略の移り変わりについていけないものが必ず出てくる。

継続性には何が必要か？

戦略の継続性を保つために組織が静止する必要はない。核となる価値提案が安定していれば、それを実現するための新しいやり方はいくらでも考案できるし、考案するべきだ。実際、成功している企業はことさらに改革を行なう必要がない。それはものごとを行なう方法を絶えず手直ししているからだ。向上を続けられるのは、どうすればより大きな価値を生み出し、パイを大きくできるかを、つねに考えているからだ。

戦略の継続性を保つために組織が静止する必要はない。核となる価値提案が安定していれば、それを実現するための新しいやり方はいくらでも考案できるし、考案するべきだ。

ポール・ジュリアス・ロイターは一八五〇年、世界の金融情報を市場参加者に迅速に伝えるための巧妙な手法を生み出した。このときの新技術は、伝書鳩だった。伝書鳩は、電報からインターネットまで、一連のイノベーションに次々ととって代わられたが、彼が創設した企業

はいまも生き残っている。ロイターは迅速なマーケット情報への尽きることのないニーズを、一五〇年前とはまったく違う活動によってではあるが、いまも満たし続けている。

現在のインドのアラビンド眼科病院は、眼科医療全般を提供する大規模で複雑な組織だ。アラビンドは地域社会の指導者や奉仕団体の協力のもとに、アイ・キャンプと呼ぶ無料の移動眼科診療所を運営している。この奉仕活動を通して、農村部で年間二三〇万人もの患者に治療と教育を施している。アラビンドは手術件数の拡大を受けて、一九九二年には医療用品のうち、特にコストが大きいレンズの製造を後方統合した。同社の製造部門であるオーロラボは、眼内レンズをはじめ、眼科手術に使われるその他の消耗品を製造する。アラビンドは一九七六年のわずか三名の医師と一一床のベッドというつつましやかな始まりから、規模においても範囲においても大きく変化したが、誰にでも手の届く眼科治療への尽きることのないニーズを、いまも満たし続けている。

ウォルマートの現在の店舗は、一九六二年の創設当時とは様変わりしている。ウォルマートの初期の店舗は、同業者が見向きもしなかったアメリカの小さな田舎町に住む顧客を対象とした。現在のウォルマートは、規模を問わず世界中の市場に参入しており、創設者サム・ウォルトンが考えもしなかった品目でトップクラスの売上を誇る。たとえば今日ウォルマートは食料品販売で全米最大手だが、この事業には一九八〇年代末になってようやく参入した。DVD販売でもほかを寄せつけないシェアを誇るが、この品目もとり扱いを始めたのは一九九九年だ。

五〇年の間に販売品目は劇的に変化し、店舗の形式や体制には手が加えられ、生産性は継続的に向上したが、基本的な価値提案は変わっていない。ウォルマートはいまもブランド商品を毎日特売価格で顧客に提供し続けている。

ここでとりあげたどの事例においても、変化を支えているのは方向性の継続だ。安定性が最も求められるのはここだ――つまり基本的な価値提案、対象とするニーズの核、そして相対的価格である。

不確実な状況での継続性

経営者にとって最も厳しい試練の一つが、不確実な状況で決断を下さなくてはならないことだ。不透明な事業環境では、こんな誤った三段論法についついひっかかってしまう。

1. 将来は予測できない
2. 戦略は将来予測のうえに成り立っている
3. だから一つの戦略に徹するべきではない

今後三年から五年はおろか、次の四半期に起こることさえ予測できないなら、柔軟性を保ち、全力で疾走し、あとは気にせずぐっすり寝た方がいいのかもしれない。この考え方が、少なくとも過去一〇年の間、競争をめぐる議論を支配してきた。
だがポーターにいわせれば、二つめの前提は誤っている。どんなにすばらしい戦略も、特にくわしいまたは具体的な将来予測をもとにしていることはまずない。たとえばウォルマートは小売革命のただ中にあっても、戦略を遂行するのに、革命の行く末を予測する必要はなかった。イン・エヌ・アウト・バーガーが立ち上げられた一九四八年以来、食品の製造、調理、消費に起きたことは、まさに革命と呼ぶほかない。だが同社はこうした激変を何一つ予測できなくとも、戦略を遂行できた。自動車業界も、石油ショックを経験し、中国が世界で最も成長の速い自動車市場として台頭するなど、さまざまなできごとに翻弄されてきた。だがＢＭＷの戦略に、こうしたできごとに関する並外れた先見の明は必要なかった。

どんなにすばらしい戦略も、特にくわしいまたは具体的な将来予測をもとにしていることはまずない。

唯一必要なのは、今後五年ないし一〇年間で相対的に堅牢なのはどの顧客やニーズか、というごく大まかな感覚だ。戦略は、自らの選んだ顧客やニーズ――そしてこれらを適切な価格で満たすために必要なトレードオフ――がこの先もなくならないという、暗黙の賭けともいえる。
この意味で、価値提案のなかには、ほかより堅牢なものがある。デルの直接販売のビジネスモデルを支えていたのは、「小売業者や中間業者（販売代理店など）から助言や情報を得たいとも思わず、必要ともしない顧客が存在する」という事実だった。デルがパソコンの黎明期に選択したこのポジショニングがすばらしいのは、パソコンが普及するにつれて、中間業者を進んで排除しようとする顧客の数が、おそらく減ることはなく、増える一方だからだ。デルは成長余地が大きそうな戦略にポジションを定めた。この意味で、デルは暗黙の予測を行ない、その正しさは少なくとも数年前まで証明されていた（コラム「戦略変更が必要になるのはいつ？」を参照のこと）。

column

戦略変更が必要になるのはいつ？

戦略が順調な期間が長ければ長いほど、その効力を失わせる真の脅威にますます気づきにくくなるのかもしれない。継続性が必ずしも過信を生むわけではないが、経営者も人の子、気をつけていないと過信に陥ることがある。優れた戦略にはもちこたえる力があるが、それでも戦略変更が明らかに必要なときはある。ポーターにいわせれば、企業がこうした「変曲点」にさしかかることはめったになく、実際にはそれ以前に戦略から手を引くことの方が多いという。したがって新しい戦略が絶対的に必要になるのはどんな状況かを理解しておくことが大切だ。

第一に、顧客のニーズが変化するうちに、企業の価値提案が完全に時代遅れになることがある。ニーズが変化するとともに、企業もこれに対応できるように変わっていくことが多いが、つねにそうとは限らない。特に深刻なのは、ニーズが消滅するときだ。

一九七六年に創設されたアパレル大手リズ・クレイボーンは、専門職のキャリアを歩み始めた女性のニーズに初めて応えた企業だった。リズのファッションに身を包めば、成功する女性にふさわしい服装をしているという安心感が得られた。同社はこの新しいニーズに乗って、利益をあげながら急成長を遂げた。一九八〇年代を通じて業績は好調に推移していた。ところが一九九〇年代初めになると、女性はもう職場でのファッションにそれほど不安をもたなくなっていた。リズの洋服に一〇年ほどファッションの手ほどきを受けたことで、自分の見立てに自信を深め、ほかのファッションにも興味をもち始めた。それに加えて、職場での服装規定を緩める企業が増えてきた。リズ・クレイボーンがあれほど巧みに応えていたニーズは、急速にしぼんでいった。一九九一年に二億二三〇〇万ドルだった収益は、一九九四年には八三〇〇万ドルにまで落ちこんだ。

人口動態や社会変動以外にも、さまざまな要因によって、顧客のニーズが変化することがある。たとえば規制が大幅に変更されると、企業が提供できる買い手価値とコストの組み合わせが変わることが多い。規制は顧客のニーズを恣意的に定義し、業界を人為的な均衡状態に置く場合がある。こうした規制が緩和されると、それまで抑圧されていた経済的勢力が解き放たれ、新しいニーズが生まれることもある。業界に大きな構造的変化が生じると、新しい戦略的ポジションが必要になることが多い。

第二に、さまざまなイノベーションによって、戦略の基盤である重要なトレードオフが効力を失うことがある。たとえばパソコンの基本的ニーズを低価格で満たすというデルの戦略は、ダイレクト販売モデルのコスト優位性のうえに成り立っていた。この戦略は二〇年近く成功していたが、台湾のＯＤＭ（受託設計生産）メーカーが台頭し、ヒューレット・パッカードのようなライバル企業が設計と組立をアウトソーシングできるようになった結果、デルのコスト優位性はほぼ消滅してしまった。またＰＣ販売の中心が大口法人顧客から消費者へとシフトし、業界売上のうち小売販売チャネルを通じた売上が占める割合が急増していることも、デルを苦しめている。こうした変化を受けて、デルの最も重要なトレードオフが効力を失った。一九九〇年代末に行なったインタビューで、マイケル・デルはこう語ってくれた。「この『モデル』のことを、どんな問題も解決する全能の存在のように語る社員がいるのが気がかりだ。なぜ不安かといえば、絶対に変わらないものなどあり得ないからだ」。彼の懸念は的中した。企業が独自の価値提案を実現しようとしても、バリューチェーンが障害となって競合他社をしのぐ成績をあげられないなら、新しい戦略が必要になる。

第三に、技術や経営面での飛躍的進歩《ブレークスルー》が、既存の価値提案を完全にだめにすることがある。戦略を脅かす力のなかでも、技術ほど注目を集めるものはない。たしかに新技術がルールを書き替えることもあるが、そんなことはごくまれだ。真に破壊的な技術は、現世代の業界リーダーの資産を無効にする。デジタル写真は、写真用フィルムの最大手コダックにとって破壊的技術だった。デジタル写真はほとんどの用途で銀塩写真に勝る。コダックが一〇〇年の歴史をかけて収集した、従来化学を基盤とした資産の価値は激減した。だがこの極端なケースでも、もちろんコダックは電子工学の専門知識を新たに構築するために数十億ドルの投資を余儀なくされるものの、価値あるブランドやその他の資産は残っており、これをもとに新しい未来を築くことはできる。

技術が真に破壊的かどうかを見きわめるには、既存のバリューチェーンに組みこめるかどうか、既存の活動を強化するような方法で手直しできないかどうかを考えてみるといい。現実には、真に破壊的な技術はきわめてまれだとポーターはいう。

アメリカ・オンライン（ＡＯＬ）は、デルの真逆の戦略をとった。ＡＯＬは数百万人にインターネットの手ほどきをし、インターネットを利用しやすいものにして、そのことにプレミアム料金を課した。このポジショニングの選択には、本質的に脆弱な面があった。顧客はインターネットに慣れるにつれて、ＡＯＬが最もよく提供できるサービスをますます必要としなくなる。シンプルなホームページと手とり足とりのサービスから、いずれはより高度な機能や高速回線へのグレードアップを望むようになるだろう。または料金の安い必要最小限のインターネットサービスにグレードダウンするかのどちらかだ。

自社が対象として選んだニーズがなくならないという基本的な賭けを別とすれば、将来に関する「大胆な予測」は戦略に必要ないとポーターはいう。サウスウエスト航空は、消費者が今後も格安で便利な交通手段を求めることさえ予測すればよかった。テロリズムへの懸念の高まりや燃料価格の高騰など、航空業界をゆるがした数々の変数を予測する必要はなかった。イン・エヌ・アウト・バーガーは、素朴なつくりたてのバーガーとフライドポテトへの需要が根強いことを予測するだけでよかった。同様にＢＭＷも優れたデザインと運転性能、プレステージを求める消費者のニーズが今後も持続すると予測すれば十分だった。

アラン・ムラーリーは、世界中の消費者が車に求めるものがますます近づいていくという単純な予測をもとに、フォードの未来を築きつつある。同社の戦略は、電気自動車の普及速度には左右されない。もちろんこれが市場を一変させる破壊的技術になる可能性はあるが、そんなことはめったに起こらない。ムラーリーはいう。「将来について何らかの見解をもち、それをもとに決定を下す——戦略とはそういうものだ。最悪なのは、何の見解ももたず、何も決定しないことだ」。ポーター自身、これよりうまくはいえなかっただろう。

ではさっきの誤った三段論法に戻ろう。最近では多くの企業幹部が、マネジメントの権威たちに焚きつけられ、戦略に代わるものとして「柔軟性」を信奉するようになった。だが競争優位の経済原理に照らしてみると、この手法に欠陥があることは一目瞭然だ。考えてみてほしい。柔軟性と卓越した業績のつながりはいったいどこにあるというのだろう？　顧客のニーズにしっかり照準を合わせた戦略よりも、柔軟性の方がニーズにうまく対応できるとでもいうのだろうか？　行動に「ヘッジ」をかけること、つまり何事にも全力でとりくまず生半可に行なうことが、はたして高価格と低コストをもたらすだろうか？　戦略の代わりに柔軟性を方針にすることの問題は、組織が何の主義主張も、何のとりえももたなくなることだとポーターはいう。柔軟性は理屈のうえではよさそうに聞こえるが、具体的な活動に落としこんでみると、戦略なき柔軟性がなぜ凡庸を招くのか、その理由がよくわかる。そのような組織では十分な調整が行なわれず、トレードオフが存在せず、適合性を図ることもできない。これらすべては、方向性を維持してこそ実現できるのだ。

何を変更すべきか？

戦略は到達点ではなく、道筋である。有効な戦略は動態的なものだ。戦略が定義するのは、市場で期待される成果であって、それを達成するための手段ではない。戦略では方向性を維持することが欠かせないが、競争優位を維持するにはある種の変化が絶対に欠かせない。

第一に、**つねに業務効果の限界線上にいなくてはならない。そうでなければ、戦略の意義がなくなる。**戦略と相反しないベストプラクティスや、そのために必要なトレードオフを絶えず導入し続けなくてはならない。この側面で後れをとるとコスト面で不利を被り、ほかの優位が損なわれてしまう。

戦略の代わりに柔軟性を方針にすることの問題は、組織が何の主義主張も、何のとりえももたなくなることだ。

BMWは一九九〇年代半ばにこの問題にぶつかった。ほかの自動車メーカーが多額の費用をかけてベストプラクティスを導入するなか、BMWは後れをとっていた。たとえば製品開発では、一車種あたり六〇カ月という開発期間が受け入れがたいことは、当のBMWにもわかっていた。そこでBMWは期間の半減を目指し、業務効果の重要な改善策を矢継ぎ早に導入した。それは戦略に関係なく、どんな自動車メーカーにも生産性向上をもたらす類いの実践だった。たとえばそれまで直列的に行なっていた設計業務を、複数の活動を同時並行的に行なうことで短縮化する、衝突実験は試作車でなくコンピュータを用いて行なうなど。こういった実践は、高級セダンであれ、家族向けミニバンであれ、どんな車をつくるメーカーにとっても明らかなベストプラクティスだった。

　しかしＢＭＷは自らの独自性の源泉である品質が、こうした改革の影響を受けそうになると、そこで一線を引いた。たとえば同社はコンピュータ支援によるスタイリング（ＣＡＳ）システムを導入し、これでスタイリングを八割方完成させている。だが自らが求めるスタイリングの水準を実現するには、残りは物理モデルを使って行なう必要がある。そのためＣＡＳによる時間短縮と、粘土と手によるスタイリングの品質優位性とを組み合わせた、混合型の設計プロセスに変えた。

　どんな技術革新や経営革新も、用途によってはあらゆる企業が導入すべきベストプラクティスになる。そのほか戦略的に重要なものもあり、注意深く分析する必要がある。どんなイノベーションについても、次の簡単な質問を自問しよう。このイノベーションは自社の戦略を強化するだろうか、それとも戦略の独自性を損なうだろうか？

　第二に、**価値提案を拡張する方法や、よりよく実現できる方法がある場合には、変革が必要だ**。どのような変革かは戦略によって異なるし、すべての企業に同じメリットをもたらすわけではない。こうしたイノベーションを導入する機会は、もとの戦略があるからこそ生じるともいえる。ネットフリックスのＣＥＯリード・ヘイスティングスは、郵送ＤＶＤレンタルのネットフリックスを立ち上げたほとんどその日のうちに、インターネットを使ってサービスを提供する方法を模索し始めた。動画を顧客のＰＣに直接ストリーミングできるようになると、それを行なうことで戦略がもともと基盤としていたニーズによりよく応えられることをすばやく見てとった。郵送レンタルは同社の「ダイレクト」モデルを実行に移す一つの方法だった。ストリーミングなら、顧客とＤＶＤをやり取りする時間と物流コストをさらに削減できる（二〇一〇年当時、ＤＶＤの往復の郵送料金は約一ドル、ストリーミングのコストはわずか五セントだった）。だがコインスター――便利な場所に設置した自動ＤＶＤレンタル機レッドボックスを戦略の基盤とする――などの競合他社にとって、この変化はそれほど直接的な意味をもたなかった。

ＢＭＷはほかの自動車メーカーとは違って、電気自動車の到来を自社の価値提案を拡張する一つの手段ととらえている。競合他社が従来型プラットフォームを用いて性急に製品を投入するのを横目に、ＢＭＷのエンジニアは独自の土俵で勝負しようとしている。ＢＭＷの特徴ある性能とスタイリングを実現するには、まったく新しい車を一から設計するしかないと考えるからだ。たとえば車室やその他部品のカーボン化により、バッテリーによる重量増を相殺する。ＢＭＷのデザイン部門統括責任者エイドリアン・ファン・ホーイドンクによれば、同社のねらうポジショニングは「清貧を誓わずして……環境意識の高さをアピールしたい、都会に住む裕福なドライバー」をターゲットとした「ハイクラスの環境保護意識」だという。

戦略は新しく生まれ、また進化する

ポーターは戦略について書くとき、サウスウエストやイケアといった、十分に発達した内容豊かな戦略をもつ企業を好んでとりあげる。もし事業戦略にノーベル賞があったら、受賞するだろう企業だ。こうした偉大な模範は、優れた戦略の条件をいともたやすくクリアする。またほとんどの経営者にとって夢物語でしかない、何十年にもわたるめざましい業績を実現している（図７-２）。ポーターはこのような企業を事後的に検証し、「何が成功を説明するだろう？」と問いかける。答えはいつも同じだ。特定の業界環境で特定の価値を生み出すよう巧みに構成された、複雑な事業システムを構築できたことだ。またここで強調しておきたいのは、これらの企業がこのようなシステムに、つまり精巧で複雑な全体に、何十年にもわたって磨きをかけてきたということだ。長期的な継続性がポーターの五つの条件に含まれる理由、また私がそれを「戦略の実現要因」と呼ぶ理由は、まさにここにある。

ところでまさかとは思うが、次の三つの簡単なステップでサウスウエストやイケアのような企業を一夜にしてつくれるとポーターがいっていると考えるほどおめでたい人はいないだろう。

1．ちょっとした分析を行なう（五つの競争要因、バリューチェーン、相対的コストと相対的価値）

図 7-2　サウスウエスト航空における継続性

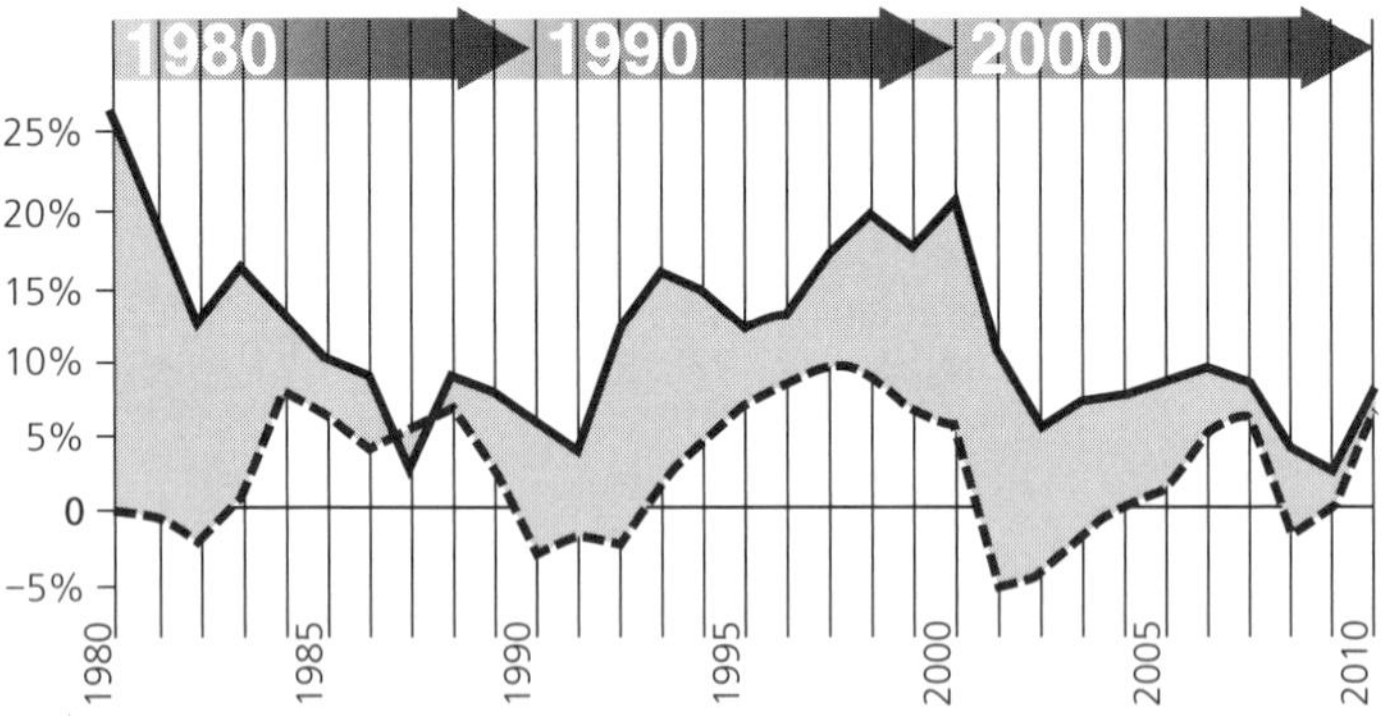

サウスウエスト航空の戦略の継続性は、競争優位が持続されていることに表れている。1980年から2010年までのサウスウエストの平均ROICが11.4%だったのに対し、業界平均は3.1%だった。サウスウエストの優位が最も強力だったのは1980年代と1990年代だ。ここ10年は、人件費の安い模倣者の猛追に優位を脅かされている。またその一方では、成長を求める圧力に屈して、いくつかの中核的なトレードオフを緩和している。たとえばかつては短距離路線に特化していたが、いまはそうではない。トレードオフの緩和は、経済的な影響をもたらす。

2. 既存の競合企業のポジションを表す業界マップを描く
3. 空いているポジションを選ぶ

こういった複雑なシステムを設計できる人が、ポーター自身を含め、いったいいるのかと疑問をもつ経営者もいる。だから戦略分析をやるのは時間の無駄ではないかと。自分の内なる起業家本能を信じて行動するか、手当たり次第実験を繰り返して、どうなるか成り行きを見守る方がよいのではないか？

分析に基づいて戦略を設計することと、戦略が生まれるまで実験を繰り返すことのバランスをとる方法について、ポーター自身は何といっているだろう？　ポーターは戦略を「設計」する方を一〇〇%支持すると思う人がいるかもしれないが、そうではない。優れた分析は欠かせないが、戦略をすべてにわたってあらかじめ決定すべきだときめてかかるのは間違いだとポーターはいう。すべてを予測するにはあまりにも変数が多く、不確実性が大きい。組織は顧客に対応し、ライバル企業と競い合ううちに、戦略についてそれまでなかった重要な洞察を得る。また時とともに新しい機会が現れることもある。

組織は継続性を保つことで、十分な時間をかけて戦略への理解を深めることができる。いいかえれば、企業は一つの戦略を貫くことで、自らの生み出す価値を十分に理解し、本当にうまく実行できるようになるのだ。戦略が、最初から十分に発達し完全にできあがった状態で生まれることはない。サウスウエストは創設されてから就航するまででさえ四年もかかっている。イケアの創設者イングバル・カンプラードが会社を立ち上げたのは一九四三年だったが、実際に店舗を開店したのは一九五八年になってからで、イケアの特徴あるセルフサービス型の店舗設計を試したのは一九六〇年代も半ばになってからのことだった。戦略は、発見のプロセスから生まれることが多い。企業はポジショニングを検証し、それを実現する最善の方法を会得するのに、何年も試行錯誤を繰り返すことも珍しくない。

この対極にあるのが、社内の全部門が互いに無関係な実験を繰り返すうちに、いつしか戦略が生まれるという考えだ。だがポーターはこの考えに警鐘を鳴らす。戦略は個々の部分ではなく、全体に関わる問題だ。戦略には何よりもまず、安定した中核がなければならない。または少なくとも、どのようにして価値を創造し獲得するかという、根拠のある構想が必要だ。

戦略は二、三の重要な選択から始まることが多い。やがて戦略がはっきりするにつれて、新しい選択がもとの選択を補完し、拡張する。先に見たように、サウスウエストは三機の航空機と、「格安で利便性の高いサービス」という単純な価値提案から始まった。そしてターンアラウンド時間の短さが、同社の競争優位のカギを握っている。だがこの決定的に重要な要素は、創設者たちが事前に考案したものではなかったのだ。

CEOラマー・ミューズは早くに州外へのチャーター便運航に機会を見出し、四機めの航空機を購入した。新しい航空機は定期路線の便を増やすのにも役立ち、利便性をさらに高めた。

ところが運命のいたずらか、連邦地方裁判所はサウスウエストに対し、テキサス州外にチャーター便を飛ばすことを禁じる判決を下した。そんなわけで四機めの航空機は突如として、財政に重くのしかかる負担となってしまった。ミューズは四機めを売却したが、拡充した運航スケジュールは何としても守りたかった。守る方法はあった。ターンアラウンド時間を一〇分以内に収めればいいのだ。そして必要は発明の母になった。サウスウエストの当時の空港責任者はこう回想する。「私たちのほとんどが、ほかの航空会社で働いた経験がなかったから、できないなどとは夢にも思わなかった。だから、できたのだ」

サウスウエストやイケアのような真に優れた戦略を調べると、全体が精巧で一貫性があり、経済的根拠が実に明快でしっかりしているため、すべてが事前に計画されていたのだろうと思ってしまう。だがそうではない。デルを例に考えてみよう。デルの戦略の核は、販売代理店を排した直接販売（中間マージンを排除するため）と、外部調達した部品を用いる（技術開発と部品製造のコストを回避するため）、在庫をもたない受注生産を中心に、早い時期に固まっていた。だがこの戦略には、マイケル・デルが当初想像もしなかった可能性が備わっていることが時とともに明らかになり、この核がさまざまな形で発展し、変化していった。

たとえばデルは自社の価値提案が、小口の購入者よりも、社内にＩＴ部門をもつ大規模な法人顧客にとって魅力的であることに、早い段階で気づいた。また法人顧客は大口の注文が見こめるため、こうした顧客に対応することは効率性の向上につながる。このようにしてデルは早くから大口の法人顧客に注力し、当初は利益があがらなかった消費者市場をほかのＰＣメーカーに委ねたのだった。

戦略を開始して何年もたってから、デルは直接販売——と受注生産——がほかの重要な競争優位を生み出していることを知った。これらが短いサイクル・タイムと低い在庫水準をもたらしたおかげで、部品価格が急落していた状況で、相対的なコスト優位性を実現できた。販売店に在庫を置く必要がある競合他社は、デルより古い部品を高い値段でコンピュータに積むことになった。デルはまた顧客との直接的な関係を通じて、将来の需要についてライバル企業よりも優れた情報を入手し、これを活用してサプライチェーン管理を改善していった。二〇〇〇年代前半までは、これらを中心にコスト優位性を築きながら、標準的なウィンドウズ－インテル技術を顧客に低価格で提供することができた。

デルがこの戦略の経済的な力を十分に理解するには、何年もかかった。在庫が価値提案のカギを握ることが明らかになるにつれ、在庫を減らす新しい方法を考案することに全員の関心が向くようになった。一般にＰＣメーカーは粗利益率に着目することが多いが、デルは在庫管理に焦点をあてるＲＯＩＣを注視した。デルは失敗からも学んでいる。一九八〇年代には成長率の鈍化を受けて、販売代理店経由での販売を始めた。だが二つのポジションに二股をかけることが有害無益だとわかると、直ちに方針を撤回した。

ポーターがいいたいのは、将来的に重要になることを最初からすべて把握するのはまず不可能だということだ。したがって変化を避けて通ることはできず、変化への対応力が決定的に重要になる。しかし方向性を継続することで、変化に効果的に対応できる可能性が高まるのだ。たしかに驚くべき成功を遂げた企業のなかには、偶然に助けられたものもある。だがポーターはよくこう尋ねる。あなたは偶然をあてにする「戦略」をもった企業に投資したいと思うだろうか？　分析を行なうだけでは、並外れた成功を遂げることはできないかもしれない。ひらめきや幸運な発見も、成功に一役買う。だが戦略の本質を理解することで、よりよい判断を下せる可能性ははるかに高まる。

継続性のパラドックス

一九九〇年代からこの方、変革を導くことが偉大なＣＥＯの証のようにいわれている。だがすべての変革がよいとは限らず、行き過ぎた変革が悪影響をおよぼすこと、また変革には戦略変更を必要としないものがあることを、継続性の原則は教えてくれる。継続性が戦略で果たす役割を理解すれば、変化そのものに対する考え方が変わるだろう。逆説的だが、継続的な戦略は、組織の環境変化への適応能力とイノベーション能力を高めるのだ。

逆説的だが、継続的な戦略は、組織の環境変化への適応能力とイノベーション能力を高める。

それはなぜだろう? 変革のプロセスでは、膨大な量の情報をふるいにかけて調べ、自社がとるべき行動に正確にねらいを定めることが必要になる。金利や為替相場は絶えず変動している。ソーシャルメディアは飛躍的成長を遂げる。新しい小売業態が出現する。中国があれをやり、インドがこれをやる。若い世代は親の世代とは違う価値観や仕事のやり方を身につける。シリコンチップが驚異的な回路密度を実現する——。こうした無数のできごとは、当然ながらすべての企業にとって重要ではないとポーターはいう。戦略がなければ、何もかもが重要になってしまう。だが戦略があれば、何が重要かを見きわめられる。なぜなら自社がどのような顧客に対応し、どのようなニーズを満たそうとしているのか、またそれを適正な価格で行なうために、自社のバリューチェーンがどのような特徴ある方法で構成されているかがわかっているからだ。こうした知識をよりどころとして、何が重要で、何が重要でないかをより分けることができる。戦略は優先順位を明確にする。また自社の目的をきちんと理解している社員は、変わろうとする意欲や、すぐやろうという意識が高い。

人にたとえていうと、自分がどんな人間で、何を代表しているのかを知る人は変化を受け入れやすいが、そうでない人はなかなか変われないのと同じだ。新しいニーズが生まれるたびに対応しなくてはと焦り、新技術が現れるたびにとり入れなくてはとうろたえているようでは、組織から活力が失われてしまう。これに対して全員が価値提案を理解している場合、新しいトレンドが、顧客のニーズにより特徴ある方法で対応するのに役立つと判断すれば、直ちにとり入れられる。自社を取り巻く変化の海を探り、重要な変化をすぐに見分けることができる。イケアの流行に敏感な高学歴の顧客層は、環境意識も高い。同社は二〇一〇年のカタログで、フラットパックがいかに環境に優しいかを訴えている。イケアは数十年来の、低価格戦略に即した手法を宣伝するだけで、いつまでも新鮮さを失わずに、時代についていくことができるのだ。

この変化と不確実性の時代には、戦略を慎重に、かつ明確に定めることが、これまで以上に重要になっている。

組織は複雑である。組織が自らの選んだ価値を本当の意味でうまく実現できるようになるには、時間がかかる。一見矛盾しているように思われるが、ポーターはこの変化と不確実性の時代に、戦略を慎重に、かつ明確に定めることが、これまで以上に重要になっていると主張する。だがこれは矛盾でも何でもない。戦略が明確な方向性を与えてくれるからこそ、経営者は周りのさまざまな雑音が気にならなくなる。戦略は顧客価値とコストの差に焦点をあてることで、流行への盲目的な追従から組織を守ってくれるのだ。

終章　本書の実践的な意味

本書の前置きとして、マーク・トウェインが残したとされるジョークを紹介した。古典とは、「誰もが読んでおけばよかったと思うが、誰も読みたいとは思わない」ものだと、トウェインは皮肉ったという。本書の執筆を終えようとしているいま、私にもようやくこのジョークの真意がわかってきた。読みたいと思わないのは、古典が難解だからなのではない。私たちが怠惰で、自分に甘すぎるからなのだ。

ポーターが経営者に求めるのは、とても単純でいて、実に難しいことだ。経営者は自らの意思決定と業績との関係を、つねにしっかり把握していなければならない。ごまかしは許されない。これに関しては正確かつ厳密にやらなくてはならないとポーターはいう。ビジネス書の著者にしては珍しく、ポーターは経営者にやるべきことを示そうとしない。指針となるフレームワークと、どんな事例にもあてはまる一般理論を示すから、あとは創造性を発揮して、自分なりの答えを見つけよというのだ。

ビジネス書は移り変わりが激しいことで知られる。今年の「画期的な」アイデアは、三年、五年、ないし一〇年もたてば、ほとんど役に立たなくなる。だがイタリアの作家イタロ・カルヴィーノの言葉を借りれば、真の古典とは「いつまでも意味を伝えることをやめない」作品だ。彼は続けてこういう。「どんな古典も読み返すたびに、最初に読んだときと同じように発見がある」

私の場合がまさにそうだった。そこで本書のまとめの代わりに、私自身がポーターを読み返すことで発見した実践的な意味を、短いリストにまとめた。こういったリストは陳腐なものになりがちだ。しかしポーターの基本をマスターしていれば、それぞれの項目を読みながら、ポーターが築いたゆるぎない基盤を思い返せるはずだ。

一〇の実践的な意味

1. 最高を目指す競争は、一見正しいように思えるが、実は自己破壊的な競争方法である。
2. 利益を生まない規模拡大や成長には、何の意味もない。競争の目的は市場シェアではなく、利益にある。
3. 競争優位の目的は、ライバル企業を打ち負かすことではなく、顧客のために独自の価値を生み出すことにある。競争優位は必ず損益計算書に反映される。

4. 戦略には特徴ある価値提案が絶対に欠かせない。だが戦略はマーケティングだけの問題ではない。特別に調整されたバリューチェーンがなくても実現できる価値提案は、戦略的に意味がない。

5. あらゆる顧客を満足させようと思わないこと。一部の顧客を意図的に不満にさせるのが、優れた戦略の特徴である。

6. 戦略は組織がやらないことをはっきり打ち出して、初めて意味をもつ。トレードオフは、競争優位を実現し持続させる、戦略のかすがいだ。

7. 優れた実行の重要性を過信してもいけないし、甘く見てもいけない。実行それ自体は持続的な優位の源泉にはならないが、これに後れをとると、どんなにすばらしい戦略があっても卓越した業績をあげることはできない。

8. 優れた戦略は、一つではなく多数の選択に立脚しており、さまざまな選択間の結びつきのうえに成り立っている。一つのコアコンピタンスが持続可能な競争優位を生み出すことはまずない。

9. 不確実な状況下で柔軟性を保つのは得策のように思えても、何の主義主張も持たず、何のとりえもない組織になるのがオチだ。変わりすぎることは、変わらなすぎることと同様、致命傷になりかねない。

10．一つの戦略に徹するうえで、大胆な将来予測は必要ない。戦略に徹することで、イノベーション能力と混乱への対応力がかえって高まるのだ。

よくある質問：

マイケル・ポーター　インタビュー

本インタビューは二〇一一年の一月から三月にかけて、ハーバード・ビジネス・スクールで数回にわたって行なわれた。前準備として、私はポーター教授の講演の書き起こしに目を通し、特に質疑応答セッションで経営者から発せられることの多い質問に注目した。こうしたよくある質問を参考にして、インタビューを構成した。

1．よくある間違いと障害

マグレッタ：あなたの見るところ、企業が最も陥りやすい戦略上の間違いは何ですか？

ポーター：あらゆる間違いのうちの最たるものは、最高を目指して競争することです。みんなと同じ道を行き、なぜか自分だけがよい結果を出せると思いこむのです。この種の競争は勝つのがとても難しい。要するに、業務効果と戦略を混同する経営者が多いということです。

もう一つのよくある間違いは、マーケティングと戦略の混同です。顧客やニーズに目を向けるうちに戦略が生まれるのは、ごく自然なことです。だから価値提案を中心に据えた戦略をもつ企業が多い。これは戦略の需要サイドにあたります。だが堅牢な戦略の必要条件は、特別に調整されたバリューチェーン、すなわち価値を実現するための独自の活動の組み合わせをもっていることです。つまり、戦略とは供給サイドの話でもあるのです。戦略は需要サイドの選択と、バリューチェーンについての独自の選択（供給サイド）とを結びつけるもの。この二つがそろわなければ、競争優位をもつことはできません。

別の間違いに、自社の強みを過大評価することがあります。多くの組織に内向き思考が見られます。たとえばある企業が、顧客サービスが得意だと自負している。そこでこれを「強み」として戦略を立てようとする。ですが戦略における本当の強みは、競合他社よりうまくやれることでなくてはなりません。そしてなぜ「うまく」やれるかといえば、競合他社と違う活動の組み合わせを選び、違う活動を行なっているからこそなのです。

もう一つの間違いが、事業の定義や地理的範囲を誤ることです。セオドア・レビットの数十年前の有力な論文をきっかけに、業界を幅広く定義する風潮が生まれました。彼の用いた有名な事例が、鉄道会社です。鉄道会社は自社の事業を鉄道事業と考え、輸送事業と考えることをしませんでした。そのせいでトラックや航空機などが呈する脅威を見過ごしたというのです。

しかし鉄道会社の事業を輸送事業と定義することには問題があります。というのも、鉄道はほかとは明らかに異なる経済性と、独立したバリューチェーンをもつ、まったく別の業界だからです。こうした違いを考慮に入れないものは、鉄道事業の健全な戦略とはいえません。経営者が自社の事業を輸送事業と定義したがために、ほかの輸送形態でも競争できるよう航空運送会社を買収しなくてはと思いこむようなら、それは危険なことだといわざるを得ません。

これと同じで、業界の範囲が国内限定か、一部の周辺国だけを含むのに、グローバルと定義する傾向が見られます。企業はお題目のように繰り返されるグローバリゼーションにとらわれて、自社の事業の本当の経済性を理解せずに、やみくもに国際化を進めている。バリューチェーンは、競争の地理的境界線を引き、事業がどれだけローカルでどれだけグローバルかを判断するための主要なツールです。ローカルな事業では、それぞれの地域に完結したほぼ独立的なバリューチェーンが必要になる。この対極として、グローバルな業界では、バリューチェーン内の重要な活動をすべての国で共有できるのです。

しかし私の経験からいえば、最悪の、そして最もよくある間違いは、戦略をもたないことです。戦略をもたない企業幹部、少なくとも厳密で、経済的根拠に根ざした定義に適う戦略をもたない人たちは、たいてい自分には戦略があると思いこんでいます。

最悪の、そして最もよくある間違いは、戦略をもたないことだ。戦略をもたない企業幹部は、たいてい自分には戦略があると思いこんでいる。

マグレッタ：それはなぜなんでしょう？　本当にすばらしい戦略をもつ企業がほとんどないのはなぜですか？　企業が優れた戦略をもてない、最大の理由とは？

ポーター：以前私は、戦略上の問題のほとんどが、データ不足やデータの誤り、または業界や競合企業の分析不足によるものだと思っていました。いいかえれば、競争というものをよく理解していないことが問題だと考えていたのです。たしかにそういう事例もあります。しかしこの分野で研究を進めれば進めるほど、よりとらえがたく、より広く蔓延する要因が、明快な戦略的思考を阻んでいること、そして企業が長期間戦略を維持することの難しさがわかるようになりました。

経営者の明快な戦略的選択を邪魔し、阻止し、妨害する要因は、実にたくさんあります。最も重大な障害には、社内の体制や組織の構造、意思決定プロセスなどに埋めこまれた、多くの隠れたバイアスから生じるものがあります。たとえば戦略的な思考に欠かせない原価情報を得るのが難しいとか、報奨制度が不適切な報酬の与え方をしているといったことですね。

それに人間は本来、トレードオフを行なったり守ったりするのがとても苦手なのです。トレードオフの必要は大きな障害です。ほとんどの経営者がトレードオフを行ない、制約を受け入れることを嫌がります。それよりは、より多くの顧客に対応し、より多くの機能を盛りこんだ方がいいと必ず考える。その方が大きな成長と利益が見こめると信じずにはいられないのです。

戦略を自らだめにする企業が多い、というのが私の持論です。誰に何をされるわけでもない。自分で潰している。戦略が内部から崩壊するのです。

それに社外にも戦略を葬り去ろうとする戦略キラーはたくさんいます。自称「業界専門家」から規制当局、金融アナリストまでさまざまです。彼らすべてが、企業をいわゆる「最高を目指す競争」に駆り立てる。すべての企業に市場で一番人気の企業のまねをさせたがるアナリスト、業界に横並び競争を促すコンサルタント、あらゆる顧客を満足させよといった、最新流行に企業を駆り立てる人たち。

この最後の考えを例にとってみましょう。あらゆる顧客の声に耳を傾け、その要望に応える企業が、戦略をもてるはずがありません。経営者に売りこまれるアイデアの例に漏れず、一概に悪いとはいえませんが、細かいニュアンスが失われている。戦略の目的は、あらゆる顧客を幸せにすることではありません。戦略を立てるからには、対象とする顧客とニーズを定めなくてはならない。それ以外の顧客やニーズについては、そう、期待に添えないという現実を受け入れなくてはならない。だってそれは、実はよいことなのですから。

また資本市場は発展するうちに、戦略に対してますます毒性をもつようになってきたと私は考えています。企業は株主価値の短期的向上だけをひたすら追求し、その結果戦略と価値創造を激しく損なっている。経営者は誤った目標を追求しています。

資本市場は戦略に対して毒性をもつようになった。企業は株主価値の向上だけをひたすら追求し、その結果戦略と価値創造を激しく損なっている。

いまあげたのは障害のほんの数例に過ぎません。これらが積み重なって大きな障害になります。そもそも戦略をもつこと自体が難しいのです。それを維持するとなると、さらに難しい。

マグレッタ：資本市場が戦略にどう影響するのか、そこのところをくわしく話してもらえませんか？

ポーター：これは多面的な問題です。まず金融アナリストや投資家コミュニティが企業評価する方法について考えてみましょう。アナリストは業界ごとに、一連の重要指標を定めることが多い。たとえば小売業なら既存店売上高ですし、別の業界なら従業員一人あたり売上高といった具合です。もちろん、企業内で何が起きているかを知らせてくれる指標を探すのは、悪いことではありません。しかし戦略にとって問題なのは、業界のすべての企業に同じ基準をあてはめてしまうことです。戦略に関する重要な教訓の一つは、追求するポジショニングによって、注目すべき指標が異なるということです。すべての企業に同じ指標の向上を強いれば、収斂を促し、戦略の独自性を損なってしまう。

また別のレベルでは、資本市場の投資家にはつねに「勝者」を探しだそうとする傾向があります。勝者とは多くの場合、業績を伸ばしているように見える企業です。少しばかり成長が早いとか、ここ数四半期の収益性が高めだとか。アナリストはこれを究極の判断基準として、いまの業界の人気企業がやっていることを模倣するよう、業界内の全企業に圧力をかけます。たとえば業界のお気に入りがファイザーで、ファイザーが買収攻勢をかけていれば、業界の全企業が買収をするよう圧力をかけられるわけです。ファイザーにならえ、買収をしろと。

ところが、市場の人気企業が人気を失うこともままあります。それも、アナリストがすべての企業を同じ道に追いやった後で、です。いうまでもないことですが、戦略に唯一最善の道などありません。戦略の本質は、独自の道を生み出すことにあります。特徴ある終点を目指して自分の土俵で戦う。独自の価値を創造するために、自ら選んだ道を行くのです。この点で資本市場は、最高を目指すべきという考え方を助長します。また市場そのものが、「最高」とは何かを定義するようになります。

三つめの点として、市場での活動の重心が長期投資から短期取引に向かっています。投資家はわずかな価格差や非連続性から利益をあげようとして、株の短期売買をくり返す。ですが戦略はもっと長いスパンで考える必要があります。市場で独自のポジションを築くには、長年にわたって投資を重ねなくてはなりません。こうした期間のミスマッチは何をもたらすか？　利益を構築するのに数年かかるところを、買収すればほんの数カ月で実現できるなら、なぜてっとり早い方法を選ばないのか、ということになります。特に買収時ののれん代の償却を都合よく忘れてしまえるのであれば。企業には、買収を行なう強い動機があります。このように最も幅広いレベルでは、市場が重視する短期的業績と、有利な戦略ポジションを築くための投資を支える長期的観点の間で、ミスマッチが生じるのです。

過去二〇年間の株主価値偏重のせいで、経営者は本来なら長期にわたって持続できる経済価値の創造にいそしむべきところを、間違った対象に目を向けています。業務効果を改善し、効率性と収益性を高め、資本の有効利用を進めるよう企業に圧力をかけ続けることに関しては、資本市場は長けています。これはプラスの影響です。ですが市場の影響は、たとえ些細でほとんど意識されなくても、戦略にとってはマイナスだと私は確信しています。

2．成長：機会と落とし穴

マグレッタ：資本市場は経営者に成長圧力をかけます。でもあなたはこの圧力が戦略に好ましくない影響を与えるとおっしゃる。戦略を損なわずに事業を成長させるには、いったいどうすればいいんでしょう？

ポーター：これは大きな問題です。成長圧力は、戦略にとって最大の脅威の一つですからね。ちなみに私のいう成長とは既存事業での成長であって、多角化による成長のことではありません。もちろん難しさにかけては、どちらもひけをとらないのですが。どんな成長でも、成長しさえすればいいと考える企業が多すぎます。その結果、やり過ぎてしまうのです。新しい製品ラインや市場セグメント、地域に手を出したあげく、独自性を失い、妥協を生み、適合性を損ない、しまいには競争優位を弱めてしまう。

成長圧力は、戦略にとって最大の脅威の一つだ。

戦略的ポジションを広げたあげく損なうのではなく、ポジションを掘り下げ、増強すること

に専念せよといいたいですね。戦略を破綻させることなく、利益ある成長を実現するためのヒントをあげましょう。

第一に、けっしてまねしないこと。新しい製品やサービスを加えたり、似たような顧客層に進出したくなる誘惑はつねにあります。これについてはどう考えるべきでしょう？　競合他社がよいアイデアをもっているなら、そこから学び、そのイノベーションがどんな成果をもたらすかを考えてみましょう。ただし単にまねするだけではいけません。そのアイデアをどのように調整、修正すれば、自社の戦略を強化できるかを考えるのです。自社が対応しているニーズに役立つだろうか？　独自性を高めるのに使えるだろうか？　ありとあらゆる流行に飛びつくことはありません。ですが役に立ちそうなものがあれば、自社の戦略に合わせて仕立て直すのです。

第二に、戦略的ポジションを掘り下げるのはいいが、広げてはいけません。一般に、成長性は高いが独自性を発揮できない分野で熾烈な戦いをするより、独自性をもつ分野のニーズや顧客への浸透度を高めた方が、より速く、またずっと大きな利益をあげながら成長できるものです。成長機会を探すなら、まず現在のターゲット顧客層の中核に深く食いこむことです。よくある間違いに、ねらいを定めたセグメントのシェアを八〇％まで伸ばせるのに、五〇％で満足してしまうことがあります。業界全体をターゲットとする代わりに、自社の戦略が最もよく対応できる顧客やニーズの集合を、ターゲット顧客として適切に定義できてこそ、真の市場リーダーになれるのです。
深く掘り下げることで、自社の強みを総動員して収益性を高めることができます。このように戦略的ポジションを掘り下げるには、活動の独自性をさらに高め、適合性を強化し、自社にしかできないことから明らかに恩恵を受ける顧客に、戦略をしっかり伝えなくてはなりません。何の強みもないセグメントでシェアを一〇%伸ばしても、収益性はかえって下がることが多いのです。
第三に、地理的範囲は的を絞った方法で拡大すること。国内の戦略的機会を掘り下げつくしたら、つねに海外という選択肢があるのです。

マグレッタ：海外市場を攻略するうえで、ほかにアドバイスは？

ポーター：海外市場に進出するといっても、市場全体を対象とするわけではありません。自社の製品・サービスを高く評価してくれるセグメントを探すのです。たとえばスペインに進出するなら、スペインの既存企業と同じ方法で競争してはいけない。自社が最も効果的に対応できるストライク・ゾーンにいる顧客を探す。最初は小さなシェアでも、時間をかけて大きくしていけばいいのです。地理的拡大がすばらしいのは、なんといっても同じ戦略を使って成長できることです。ニーズにうまく対応できない国内顧客に対応せずにすみますから。

ここでは焦点を絞りこまなくてはいけません。というのも、地理的拡大を図る企業は、新しい市場に存在する違いにとらわれすぎることが多いからです。新しい市場のなかでも、自社のやることに反応してくれる部分に的を絞りましょう。

成功する海外進出のもう一つの大きな特徴は、顧客と直接接触をもつことです。他社の流通チャネルを通して市場に対応するのは難しい。顧客のニーズを理解し、差別化を図り、独自性を打ち出すなど、望めるべくもありません。自社製品の販売をよそに任せ、自ら顧客の声に耳を傾けようとしない企業が、戦略をもてるはずがない。

それから海外企業の買収、統合を行なう際には、細心の注意を払うこと。スペイン企業を買収すると、スペインのやり方はこうだとしかいってこない。経済学者が過去二〇年間の買収を分析したところ、価値のほとんどが買い手ではなく、売り手の懐に入っていることがわかりました。海外の買収先は、自社戦略に合わせて徹底的にポジショニングし直すべきです。買収先の戦略を継続してはいけません（もちろん、そちらの戦略の方が優れている場合は別ですが！）。ですが地理的拡大は正しくやりさえすれば、既存の戦略を活用して成長する強力な手段になるのです。

マグレッタ：今あがった成長のための手法をどれも実行できない場合、どうしますか？

ポーター：これは経営者がまともに向き合おうとしない、重要な問題です。たしかに現実には、既存戦略では利益をあげながら速く成長できる機会がほとんどない場合もあります。現時点では市場で有利なポジションにあるが、それを大幅に増強する方法が見当たらない場合などですね。こんなときやってしまう大きな間違いは、現実を否定して、鉛を金に変えようとすることです。そうではなく、ＲＯＩＣを高め、十分な配当を支払うか、資本を払い戻すかして、価値と富の創出を図るべきです。

私の見るところ、成長を図ろうとして戦略の限界や業界構造を無視するという大きな危険を冒すより、十分な配当を支払った方がよい企業が多い。自ら失敗を招いてはいけない。増配は何年も前に廃れ、今では経営陣の無策の象徴になってしまいました。このことが、ＡＯＬタイム・ワーナーなど、価値を破壊する成長計画や買収の横行を招いたのです。配当のよいところは、経済価値と連動している点です。経済価値を生み出さない限り配当は支払えません。つまり配当の支払は、競争方法に関して賢明な選択を行なっていることの証なのです。

３．戦略とイノベーション

マグレッタ：業界の境界線は、昨今ものすごい速さで変化しているように思えます。業界というくくりには、まだ本当に意味があるんでしょうか？

ポーター：ジョアン、あなたの質問には二通りの答え方ができます。まずは純粋な経験則から答えましょう。業界の収益性に関するデータを見ると、相対的な収益性の違いが驚くほど長い間変わっていないことがわかります。過去五年、一〇年、いや一五年のデータを見ても、収益性で見た業界の順位はあまり変わっていません。航空業界はもう何十年もリストの最下位近くにへばりついているし、ITソフトウェア業界は最上位に近い。こうした関係は非常に安定しています。だからデータからは、業界間の違いは変わるのがかなり遅いといえます。

しかし業界は非連続な構造変化を起こすことがあります。その結果業界の境界線や構造が、収益性の変化をもたらすような形で変わることがありますこういったことはたしかに起こりますが、あくまで例外的なことです。それにこのような変化でさえ、比較的ゆっくりと展開します。たとえばインターネットは、いくつかの業界の境界線や構造を一変させました。ですがインターネット空間においてさえ、大多数の業界がインターネットを受け入れ、前に進むことができたのです。間接材（ＭＲＯ）調達業務のような、インターネットが多大な影響をおよぼした情報集約型の業界でも、競合企業の顔ぶれや基本構造は変わりませんでした。

業界にはまだ意味があるのかというあなたの問いへの、二つめの答えに移りましょう。境界線が変化している業界でも、その変化の重要性を分析するのに、いまも同じツールが使われています。つまり五つの競争要因はいまも有効だということです。いま私たちは、規制撤廃とグローバリゼーション、それに技術進歩が同時進行的に進む、歴史的激動のさなかにあります。たしかに業界の境界線には、曖昧になったりぼやけたり移動したものもある。しかしそれでも各業界が特徴ある構造をもっていて、五つの競争要因の独特の組み合わせが業界の競争の性質を左右するという事実は変わりません。

この分析を使えば、たとえば一部の競争要因が何らかのファクター——たとえば買い手サイドや供給サイドの変化、参入障壁の非連続的変化など——に大きな影響を受けたといったことがわかります。そんなわけで、いつでも同じツールが通用するのです。今後自社の業界に重大な影響を与えそうなトレンドを見きわめるには、業界構造の基本的側面が各トレンドによってどう変化するかを考えるといいでしょう。

業界構造に意味がなくなったと考える人は、新しい技術や経営革新をすべて「破壊的」ときめつける人と同じ匂いがします。データはこの考え方を必ずしも裏づけていないので、鵜呑みにしないことですね。

マグレッタ：破壊的技術とは、そもそも何ですか？　あなたの戦略に対する考え方と、どういう関わりがあるんですか？

ポーター：破壊的技術は実に有益で説得力のある考えなのですが、競争上のありとあらゆる脅威を指す用語として、ひどく誤った使い方をされ、誤解されています。この用語は、ゲームのルールを真に書き替えるような、ごくまれな状況に限定して使った方が経営者のためになると思います。

新しい技術なら何でも破壊的技術なのではありません。新技術のなかにも、破壊的でないものは多くあります。それに大きな技術的飛躍が破壊的技術とは限りません。大きな飛躍にも、破壊的ではないものはたくさんある。破壊的技術とは、バリューチェーンの構成や製品構成を無効化する技術のことです。その結果、企業が他社を飛び越えられるようになったり、既存企業が手もちの資産のせいでそれに対抗、対応しにくくなる。つまり破壊的技術とは、重要な競争優位を無効にするような技術です。

インターネットがこの典型例です。業界の製品やサービスが、情報を伝達するしくみのうえに成り立っている場合、つまり事業が実質的に情報提供のしくみであるような業界にとって、インターネットは破壊的でした。旅行代理店や音楽ビジネスなどがこれにあたります。ですがそれ以外の業界にとって、インターネットは顧客やサプライヤーとの数あるコミュニケーション手段の一つでしかなかったため、破壊的ではありませんでした。こういったケースでは、最も優れた製品やブランドをもつ既存企業は、新技術を事業にそのまま組みこむことができた。インターネットはこうした企業の事業と両立し得ないことも、相容れないこともなかったのです。

いま対処している技術が破壊的かどうかを知るには、二つの質問をすればいいでしょう。一つは、この技術は従来の重要な競争優位をどの程度無効にするだろうか？　二つめは、既存企業はどの程度までなら、事業を大きく損なわずにこの技術を受け入れられるだろう？　この二点についてじっくり考えると、真に破壊的な技術がそう頻繁には現れないことがわかります。たとえば今後一〇年を考えた場合、経済を構成する無数の業界のうち、破壊的技術に影響を受けそうな業界は、五％から一〇％未満でしょう。

そうはいっても経営者は当然、破壊的な影響をもたらすおそれのある変化を警戒しなくてはなりません。よくあるアドバイスは、破壊的技術のなかでも特に一つの形態に注目します。単純で安価な技術がやがて向上し、より複雑で高価な技術が満たしてきたニーズに対応できるようになるというものです。そんなわけでほとんどの経営者が、これまで自社の事業とは無関係と見過ごしてきた新興企業など、下方からの脅威にばかり目を光らせるのです。そして新興企業の技術が多くの顧客にとって必要にして十分であることを知り、驚愕するというわけですね。私の価値提案の用語でいうと、顧客のニーズは「古い」技術によって必要以上に満たされていたということになります。これに対して新しい技術は、必要にして十分なニーズを適正な価格で満たします。下方からの破壊は集中戦略の一例です。特別な機能や付属品のすべてを必要としない顧客に焦点を絞り、これを足がかりにする。こうした企業が業界に新規参入し、やがて成長して業界を支配します。これがサウスウエスト航空の物語です。

だが戦略と関係があるのは、この形態の破壊だけではありません。脅威は上方からもやって来るのです。高い性能を実現する先進技術や高度な手法を簡略化または効率化すれば、あまり高度でないニーズにもずっと低いコストで対応できる場合があります。上方と下方、どちらの形態の方が多く見られるかという明確な証拠はありませんが、とにかくどちらも存在します。破壊的技術は比喩としてはおもしろいのですが、経営者は何が破壊を引き起こしているのかを徹底的に見きわめなくてはなりません。バリューチェーン、相対的価格、相対的コストに、それぞれどんな影響がおよぶのでしょう？　ここでも戦略の基本が間違いなく通用するのです。

破壊的技術は比喩としてはおもしろいが、経営者は何が破壊を引き起こしているのかを徹底的に見きわめなくてはならない。

マグレッタ：「ビジネスモデル」という用語は、とくに革新的な新規事業との関わりで、ビジネス誌などで大々的にとりあげられていますよね。ビジネスモデルは、戦略と同義なのかしら？

ポーター：ビジネスモデルという用語は広く使われていますが、正確に定義されていませんね。だから「戦略」と同様、残念ながら人によって違う意味で使われています。だがこの概念も役に立つことがあります。新規事業を始めたいのだが、はたしてうまくいくのか、どういうしくみにすればよいのかがまだはっきりわからないとき、ビジネスモデルという概念を使うと、最も基本的な質問に集中できる。どうやって利益をあげるのか？　コストはどれほどになるか？　売上はどこから得るのか？　収益のあがる事業にするにはどうすればいいか？　売上を得る方法、コストを管理する方法はさまざまあり、ビジネスモデルのレンズはこうした可能性を探るのに役立つのです。

とはいえ、ビジネスモデルは競争優位の構築や分析には使えません。それは戦略の役割です。戦略はどうやって利益をあげるかという、基本的な存続性に関わる問題を超えて、もっと複雑な質問を投げかけます。競合他社を上回る利益をあげるにはどうすればいいか、どうすれば卓越した収益を生み出せるのか、またその優位を長期間持続させるにはどうすればいいのかという問題です。ビジネスモデルは、自社の収益と自社のコストとの関係にスポットライトをあてます。だが戦略はさらに一歩踏みこんで、相対的価格と相対的コスト、またその持続性という重要な問題を考えるのです。つまり自社の収益とコストが競合他社と比べてどうかということです。そしてこれらをバリューチェーン内の活動に、また最終的には損益計算書と貸借対照表（バランスシート）に結びつけるのです。

そういうわけでビジネスモデルは、企業の存続性を考える最も基本的な手段として使うのが最もよいでしょう。存続するだけでいいなら、そこでおしまいにして構いません。ですが卓越した収益性を実現（または劣った収益性を回避）しながら長期にわたって存続したいなら、戦略——ただし私のいう意味での戦略——が、企業を次の高みに押し上げてくれるのです。

ビジネスモデルは、企業の存続性を考える最も基本的な手段だ。存続するだけでいいなら、そこでおしまいにして構わない。だが卓越した収益性を実現したいなら、戦略——ただし私のいう意味での戦略——が、企業を次の高みに押し上げてくれる。

マグレッタ：まったく新しい市場で新規事業を始めようとする起業家は、どのようにして五つの競争要因の分析をすればいいんでしょう？　業界がまだ存在しないときや、状況がまだ流動的で明確な業界構造や直接の競合企業がないようなとき、はたして戦略に意味があるんでしょうか？

ポーター：戦略は、どの成長段階にあるどんな組織にも意味があるものです。競争優位をどうやって構築、維持するかは、成功と繁栄を目指す組織が絶対に答えなくてはならない核心的な問題です。新しく興った業界では、さまざまな試行錯誤が行なわれます。製品の外観は最終的にどのようになるのか？　流通機構はどのような形をとるだろう？　新しい製品やサービスは自立型の業界を生み出すだろうか、それともより大きな業界や既存業界に組みこまれるのだろうか?

こういった状況ではものごとの状態は不透明ですが、五つの競争要因分析のやり方は基本的に変わりません。ただし一つだけ大きな違いがあって、すでに存在するものを分析する代わりに、予測をする。五つの競争要因については、一つを除けばすでにかなりよくわかっているはずです。ターゲットとする顧客はわかっている。彼らの価格感度は高いだろうか? サプライヤーがどの企業か、またはどの企業になりそうかもわかっている。どれだけ強力になるだろうか? 代替品はわかっているし、参入障壁になりそうなものも特定できる。まだ存在しないのは、実際の競合企業だけです。これがどんな企業になりそうか。じっくり考えなくてはならないのはここです。競合企業になるのは隣接業界の企業だろうか、それとも他国の既存企業、あるいは新興企業だろうか? 競合企業はそれぞれどのような方法で競争するだろうか? そんなわけで、新しい市場空間を生み出す場合でも、五つの競争要因は意外によくわかっているものです。

こういった分析を行なうことがなぜ大切かといえば、本当に価値あるものを生み出しているのなら、誰にも追随されないなどと甘い考えをもってはいけないからです。競争が成り立たない市場など、耳には心地よいが実際にはあり得ません。イノベーションのおかげで競争を無視できるなど、夢物語ですよ。業界が出現したら、この先どのような形になるか、あらかじめ仮説を立てておくことは必要です。

業界の草創期には発展の経路や選択肢が多数あり、ここで下される多くの選択肢が業界の魅力度に重大な影響をおよぼします。自社や競合他社が長い間のうちに下す決定が、業界の基本的な経済性を徐々に固定させ、業界構造を固めていく。したがって業界を最善の軌道に乗せるような選択をするために、さまざまな発展経路を検討し、五つの競争要因の基本的な質問を問うことが絶対に欠かせないのです。

4．特殊な事例：魅力に乏しい業界、開発途上国、非営利組織

マグレッタ：業界に魅力が乏しい場合はどうです？　五つの競争要因は動かしようがないんでしょうか、それとも思い通りにつくり替えることはできますか？

ポーター：どんな業界の構造も、何らかの基本的な経済性に強く影響されているものです。航空業界の利益をむしばむ真の元凶は、低い参入障壁と高い撤退障壁という、実に異例な組み合わせです。これは競争要因の組み合わせとしてはきわめてまれです。新しい航空会社を始めるのはそう難しくありません。ですが航空会社が廃業に追いこまれても、航空機は市場からなく

ならない。航空機はいわゆる代替可能資産で、航空会社や路線、時期を選ばず利用可能です。だから航空機の所有が変わっても、その輸送能力は航空機が文字通り壊れるまで市場に残るのです。航空会社はいったん航空機を購入し、人員を雇用し、運航計画を立てると、莫大な固定費がかかる一方で、変動費はそれほどかかりません。ですから航空会社には、航空機を満席にするよう強烈な圧力がかかるし、格安料金でも席を埋めるよう圧力がかかる。

こうした要因が業界の基本的な経済性を決定し、それが業界構造に表れています。航空機が大きいほど乗客一人あたりの運航コストが低いとなれば、業界全体が大型旅客機に走る。これが基本的な経済性というものです。基本的な経済性は変化することもあります。たとえば小型旅客機を運航するデメリットを軽減し、その経済性を一変させるような、新しい航空機エンジンが開発されるなどですね。そうなれば経済的な制約が緩和される。経済性を覆すような新技術が出現するとき、こういう現象が見られます。

しかし業界構造の一部は、業界リーダーが下す選択がもたらしたものです。選択の結果、業界は何らかの道を歩まざるを得なくなります。たとえば航空会社はイールド・マネジメント〔歩留まり管理〕と呼ばれる手法を導入し、チケットの購入時期によって同じフライトの同等の座席に異なる料金を課しています。ですが航空各社はこの手法をとることを、あらかじめ運命づけられていたわけではもちろんありません。最初は座席を満席にするうまいやり方と思われたのでしょうが、実際には破滅的な終わりなき価格競争をもたらし、業界の収益性を破壊しました。顧客は最安価格を物色するのが習慣となり、それ専用の旅行サイトまで現れました。業界は利益をむさぼる怪物を生み出してしまったのです。イールド・マネジメントは一つの選択であって、業界の経済性が招いた必然的結果ではありませんでした。したがって業界構造のうち、業界に固有のものと、リーダーが下す選択の結果生じるもの、つまりリーダーに修正可能なものとを区別する必要があるのです。

これはわかりにくい点なので、もう少し辛抱して聞いてください。業界構造を変えるには、業界全体を特定の方向に向かって誘導しなくてはなりません。競争優位を得るためには独自性を追求する必要がありますが、業界構造を変えるには、業界内のすべての企業に追随されなくてはなりません。

シスコ（Sysco）がどのようにして食品流通業界を変えたか、その方法について考えてみましょう。この業界は多数の顧客企業がひしめく一方で、ブランド食品の巨大メーカーを始めとするサプライヤーが強い力をもっていました。参入障壁は低かった。流通業者は基本的に同じ商品を扱っていたため、競争の基盤は長らく価格にありました。これはまずい構造です。しかしシスコをはじめとする一部の業界リーダーは、別の形での競争を望みました。そこでまずプライベート・ブランドを立ちあげ、サプライヤーの力を抑えこみにかかったのです。ＩＴ投資を大幅に強化し、こうした投資を行なう余裕のない中小の流通業者に対する参入障壁としました。顧客に献立作成や栄養指導、在庫管理、在庫金融といった付加価値サービスを提供しました。このような努力が実を結び、それまで価格一辺倒だった競争の基盤が、別の側面にシフトしたのです。そしてここでは模倣が正解でした。他社がシスコの先導に追随するうちに、業界の魅力度は上がったのです。

マグレッタ：戦略は、途上国で活動する企業にとっても意味があるんでしょうか？　同じ戦略の基本があてはまりますか？

ポーター：途上国の企業は一般に人件費などの要素費用が低い。そのため、たとえ業務効果が劣り、製品にこれといった独自性がなくても、海外企業との競争に一時的に勝てることがあります。だが要素費用の優位性は時とともに薄れる傾向にあり、やがて二つの問題への対応を迫られます。

第一に、業務効果の格差を埋めなくてはなりません。労働者のスキル、技術力、経営管理能力の不足を克服する必要があります。貧弱な物理的インフラや複雑な規制など、障害だらけの事業環境で、業務効果を世界に通用する水準に引き上げ、コストと品質を高めるのは並大抵のことではありません。

第二に、確かな戦略を立て始める必要があります。行く手には多国籍企業との競争が待ち受けています。そして地元企業が業務効果だけで競争に勝つことはまずあり得ません。これが、グアテマラに本社を置くファストフード・チェーン、ポジョカンペロが肝に銘じている教訓です。ポジョカンペロは中央アメリカのファストフード市場では、マクドナルドやバーガーキング、ピザハットなどとの競争で優位に立っています。中央アメリカの現地事情に合わせて価値提案やバリューチェーンを調整しているのが成功要因です。そして次の段階として、アメリカの成長著しいヒスパニック市場のニーズに対応すべく、アメリカに進出しました。

途上国の企業は、受け身的で行き当たりばったりの姿勢を脱却し、もっと戦略的にならなくてはいけません。つまり独自のポジションを確立し、市場で際立つ何かを生み出すことに注力しなくてはなりません。コスト優位だけを武器にするのではなく、焦点を移して、市場での価値――理想的には独自の価値――という次元から、ものごとをとらえる必要があります。

また地理的範囲は重大な問題です。一例をあげると、トルコの企業はまだまだ国内志向が強く、自国市場が拡大しているとはいえ、そこに集中しすぎています。今後は国際化を進める必要があり、それは周辺地域に目を向けることから始まる場合が多い。これは途方もなく大きな機会を呈することも多く、また地元企業はそれに対応できる貴重な立場にあるのです。

私が思うに、途上国や新興経済国における問題の一つは、欧米だけにしか関心がなく、以前は不可能だったという理由だけで、域内での販売機会に目を向けようとしないことです。昔は地域が閉ざされ、どの国も保護主義的だったため、輸出先といえば先進国しかありませんでした。だが事情は変わりつつあります。発展途上あるいは新興の中所得国の企業には、いますぐ国際化できる歴史的機会が訪れています。域内市場に参入できるのですから、何も先進国にとらわれる必要はないのです。

私の考えるもう一つの問題は、企業が手を広げすぎているということです。いまだに統一性に欠ける多くの事業で競争している。しかるべき時がきたら、このモデルから脱却しなくてはいけません。そして互いの価値を高め合い、競争優位を強化し、ポジションの独自性を強めるような事業群に重点を移すべきです。途上国の企業が潜在能力を最大限に発揮するには、この転換が絶対に欠かせません。人材の質を変えろといっているのではありません。変えるべきは考え方であり、事業構築に対するとりくみ方、つまり戦略なのです。

トレードオフを行なうことは、非営利組織の運営者にとって、ひときわ大きな試練であることが多い。

マグレッタ： 非営利組織にも戦略は必要ですか？　非営利組織は資金集めや使命の追求、支援対象者への対応に特に力を入れています。でも戦略にはそれほど時間をかけていない。もっと時間をかけるべきでしょうか？　非営利組織にとっての戦略とは何でしょう？

ポーター： どんな種類の組織であっても、顧客に対応し、ニーズを満たそうとする以上、戦略が必要です。どんな組織にとっても、優れた戦略は適切な目標を定めることから始まります。あらゆる事業の基本目標は、卓越した投資収益率を長期間維持することです。この目標に照らして業績を評価すれば、企業が価値を生み出しているかどうかがわかります。ですが非営利組織には直接比較できる評価指標がないため、何かこしらえる必要があります。あらゆる非営利組織が抱える大きな課題は、組織が生み出そうとしている社会的利益という観点から、目標（一つでも複数でも）を定義することです。続いて、組織が達成した成果とそれに要したコストを比較するための価値指標を開発する必要があります。

非営利組織は自らの目標をはっきり理解しさえすれば、戦略に関するほかの原則をすべて適用できます。どの「顧客」に対応するのか？　どんな独自の価値を提供しようとしているのか？　どのようなニーズを満たすつもりか？　そのためにはバリューチェーンをどのように特別に調整するのが一番よいか？　代替的な手法間でトレードオフを行なっているか？　組織がやらないことを理解しているか？

トレードオフを行なうことは、非営利組織の運営者にとって、ひときわ大きな試練であることが多い。指針となる明確な価値の評価指標がなければ、組織の行なうほぼすべてのことが「善」に貢献しているように思えます。非営利組織では、資金提供者は顧客でないことが多いため、資金提供と価値との間にズレが生じることがあります。顧客に何かを提供し、それに対する対価を受け取る企業は、価値という錨《いかり》にしっかりつながれています。非営利組織にはこのような錨がありません。実際、資金提供者は組織の焦点を価値からそらす主な元凶なのです。資金提供者が既存の活動を拡張することよりも、新しい計画や構想を支持しがちなとき、非営利組織は任務の自己増殖《ミッション・クリープ》〔目標がはっきりしないまま、活動の範囲が徐々に広がり、泥沼化すること〕に陥ることがよくあります。これは多くの非営利組織に共通する戦略上の問題です。

5. 組織を指揮する

マグレッタ：戦略立案のプロセスについて、何かアドバイスはありますか？

ポーター：私はよく、戦略的思考（strategic thinking）と戦略立案（strategic planning）に違いはあるんですかと聞かれます。そんなときはこう答えることにしています。戦略立案は本来戦略的思考を行なうプロセスのはずですが、実際には戦略的思考をまったく支えない、時間を食うだけの儀式になっていることが多いのです、と。

戦略立案は、戦略的思考をまったく支えない、時間を食うだけの儀式になっていることが多い。

戦略立案を成功させるカギは二つあります。一つは、当該事業を担当するチーム全員を集めて、一緒に計画を立てることです。作業を分割して行ない、最後にホッチキス留めすればいいというものではありません。戦略は事業の個々の部分ではなく、全体に関わるものです。それは優れた戦略の基本原則です。優れたマーケティング戦略なるものは存在しません。あくまで全体戦略のなかの優れたマーケティング戦略だというだけです。各事業部に計画を立てさせると、一貫性のある戦略ではなく、断片的な「ベストプラクティス集」になってしまうおそれがあります。だからこそ戦略立案では経営陣全員を巻きこんで、業界や競合企業、機会、バリューチェーンについて考え、最終的にポジショニングと方向性について何らかの決定を下さなくてはならない。続いて全員でそれを具体的な行動に落としこむ必要があります。

正式な戦略立案プロセスを設けることは有意義だと私は思います。そうでなければ日常業務に追われて、戦略がおろそかになってしまう。このプロセスを一年ないし二年ごとに実行して、四半期ごとに見直さなくてはなりません。ただし単に予算を立てて翌年の成長率を推測するだけではだめです。計画は思考を排除するのではなく、支援するものでなくてはなりません。

マグレッタ：組織の全員に共通の理解をもたせるには、どうすればいいんでしょうか？

ポーター：戦略を組織全体に伝えることは本当に大切です。秘密にされ、経営陣以外に知らされない戦略など、何の役にも立ちません。戦略の目的は、組織の全員の足並みを揃え、組織にとって望ましい選択を単独でも下せるようにすることにあります。こういった選択は日々行なわれています。営業部員なら、誰に電話をかけ何を売りこむか、製品開発部員なら、どのようなアイデアを新たに検討すべきかなどですね。社員は日々現場でさまざまな選択を下していきます。彼らに戦略にかなった選択をしてほしい。だからこそ戦略を伝える必要があるのです。

ではどうやって伝えるか？　そう、戦略を簡潔に、記憶に残る形で説明する方法を見つけなくてはなりません。本当に優れたリーダーは、価値提案をわりあい単純なものに具体化して説明します。それから組織内の各部門に、この価値提案が一つひとつの活動にどんな意味をもつのかを考えさせる。優れたリーダーは戦略論を教える教師のようなものです。いつでも戦略を指南し、戦略に関するちょっとした講義をしている。会議を始めるときは必ず価値提案のおさらいをしてから本題に入る。社員との会話では、始めに疑問を投げかける。われわれは企業として何を標榜するのか？　わが社を際立った存在にしているものは何だろう？　わが社の独自性はどこにあるのか？　そこから話が始まります。経営陣は絶えずこれをくり返し、直属の部下にもそれぞれの統括部署で同じ話をさせます。たとえば部長なら、直属の部下が戦略を説明する会議に顔を出して、部下の説明に耳を傾け、社員が本当に理解しているかどうか確認します。

戦略の理解があやふやで、戦略に関してしっかりした合意ができていない組織を、これまでいやというほど見てきました。最上位層では意見が一致していても、いざ細かい話になると、社員は実は戦略がよくわかっておらず、意見も一致しない。だから互いに相反する行動をとる。したがって、社員がどう考えているかをじっくり理解し、問題に対処する機会をもうけなくてはならないのです。

それに顧客やサプライヤー、チャネル、資本市場にも戦略を伝える必要があります。自社がどうやって卓越した業績をあげるつもりなのか、また何よりも、業績や戦略の進捗状況を図るためにどのような指標を使うべきなのかを、資本市場にわかってもらう必要がある。株式アナリストが自分で探しだすだろうと期待しないこと。こちらから伝えなくてはなりません。

戦略についての説明を競合他社に聞かれても、かえって好都合だと思うようにしましょう。自社がトレードオフや選択が伴う明快な戦略をもち、それに徹していることを知った競合他社は、勝つ見こみがない分野での直接対決を避け、違うことをやるでしょう。つきつめれば、直接対決を回避する唯一の方法は、戦略を広く知らしめることではないかと私は思っています。もちろん、どの機械を購入し、いつ新製品を発売するといった、悪用のおそれがある情報まで与える必要はありません。大体の方向性さえ知らせればいい。どのみちライバル企業にはいつかわかってしまうのですから、どうせなら自分の言葉ではっきり伝えた方がいい。

最後になりますが、戦略を受け入れず、どうしても同調しようとしない社員には、社内で継続的な役割を与えるわけにはいかない。はっきりいうと、やめてもらうしかないということです。社内で戦略について長い間意見がまとまらないのはまずい。そういう状態を続けることはできません。経営陣がいくら意欲にあふれていても、戦略をうまく実行できない。これまで私は経営陣が反対者を野放しにした例を数多く見てきました。彼らがもたらす負のエネルギーと混乱、時間の無駄は、戦略に大きなダメージを与えます。もちろん意見が合わないのは健全な状態だし、経営者は自分の主張を述べ、考え直す機会を与えられるべきですが、いつかは議論に終止符を打たなくてはなりません。これは民主主義やコンセンサス、万人の幸福とはまた別の話です。要するに方向性をきめ、それに向けて全員を鼓舞するということなのです。

ポーターを読み解くための基本用語集

SWOT分析 SWOT analysis　一九六〇年代に開発され、戦略立案会議の議論を整理するために広く用いられているツール。企業の強み（Strengths）、弱み（Weaknesses）、機会（Opportunities）、脅威（Threats）を特定する。SWOTは企業を環境と結びつけることを目的とするが、得てして分析性と客観性に欠ける。SWOT分析はポーターの研究が洞察をもたらす以前から存在したツールである。

アウトソーシング outsourcing　組織が当初内部で行なっていた活動を、第三者から調達する決定をいう。「核」となる活動は残して、それ以外をアウトソーシングするのが世間の常識となっている。だがポーターはアウトソーシングの判断基準となる、別の枠組を示す。それは競争優位の経済性と直接関わる枠組だ。すなわち、戦略に合わせて特別に調整されている機能や、調整が可能な機能を残し、一般的な機能、つまり調整が不可能なものや、戦略と無関係なものをアウトソーシングする。

五つの競争要因（**ファイブフォース**）**five forces**　業界構造の分析に基づいて業界の競争状況を評価する、ポーターの重要なフレームワーク。このフレームワークは、業界ごとの収益性の違いがなぜ大きく、また長期にわたって持続するのか、その理由を説明する。五つの競争要因分析は、戦略について考え、また競争要因を自社に有利に動かす方法や、独自のポジショニングを構築できる場所について考えるための第一歩となる。このテーマに関する詳細は『ダイヤモンド・ハーバード・ビジネス・レビュー』二〇一一年六月号の「［改訂］競争の戦略」および「［新訳］戦略とインターネット」（"The Five Competitive Forces That Shape Strategy," "Strategy and the Internet," in *On Competition, Updated and Expanded Edition*, 2008）を参照のこと。

価値創造 value creation　組織がインプット（投入物）をモノやサービスに変え、インプットの総和を超える価値を生み出すプロセスをいう。経済価値の創造を目的とする企業にとっても、特定の社会的目標の最も効率的な実現を目指す非営利組織にとっても、価値創造は卓越した業績をもたらす究極の源泉である。戦略とは、組織が自ら選んだ顧客のために独自の価値を創造する方法に関わるものである。

価値提案（バリュープロポジション）value proposition　企業が顧客のために生み出す価値を定義する、戦略の中核的要素。価値提案は次の三つの質問に答えを与えるものだ。どの顧客を対象とするか？　どのニーズを満たすか？　相対的価格をいくらに設定するか？　独自の価値提案は、優れた戦略の第一の条件である。

活動 activities　個々の経済的プロセスを指す。たとえば営業部隊の運営、製品開発、顧客への物理的配送など。一般に活動を行なうには人や技術、固定資産、（ときに）運転資本、さまざまな種類の情報が必要だ。企業が行なう活動は、競争優位の基本単位である。なぜなら活動は、相対的コストと企業が顧客に提供できる差別化の度合いを決める究極の要因だからだ。

企業戦略 corporate strategy　多数の業界で多角的な事業を展開する企業の戦略を指す。競争戦略と同義ではない。企業が競争優位を獲得したり失ったりするのは、個々の事業レベルである。したがって企業戦略の目的は、多数の事業部門の競争優位を高めることに置かれなくてはならない。だが本部が事業部門の「上」に君臨し、権力と支配の座になっているがゆえに、現実には企業戦略と競争戦略が区別されていないことが多い。その結果本末転倒になり、多角化戦略の名が汚されている。このテーマに関する詳細は『競争戦略論』(*On Competition, Updated and Expanded Edition*, 2008)〔I・II、竹内弘高訳、ダイヤモンド社、一九九九年〕の「競争優位から企業戦略へ」("From Competitive Advantage to Corporate Strategy")を参照のこと。

基本戦略 generic strategies 戦略的ポジショニングの主要なテーマを幅広くとらえたもの。集中戦略は企業が対応する顧客やニーズの範囲を制限することを選択する。差別化戦略をとる企業はプレミアム価格を要求でき、コストリーダーシップ戦略をとる企業は相対的に低い価格を設定できる。基本戦略は、ポーターが『競争の戦略』で初めて説明した重要概念であり、以来世界中の経営者によって広く用いられている。有効な戦略は一般に、一つではなく複数のテーマを独自の方法で組み合わせている。たとえばある面で差別化を図りながら、同時に低コストを追求することは可能だ。ただし差別化された価値が低コストと両立し得ない場合は、この限りではない。**スタック・イン・ザ・ミドル**の項を参照のこと。

業界構造 industry structure 業界の根本的、基本的な経済、技術特性。これが戦略の対象領域となる競争空間を形づくる。業界構造の分析は、競争環境と業界の収益性を理解するための出発点である。**五つの競争要因**の項を参照のこと。

競合分析 competitor analysis 競合他社の意図や能力を分析することで、競争の力学に対処することを目的とした情報収集・分析。このテーマに関する詳細は、『競争の戦略』第3章〔「競争業者分析のフレームワーク」〕を参照のこと。

競争 competition この用語は一般には競合企業や競争状態を指すのに用いられるが、ポーターにとってこの定義は狭すぎる。競争とは競合企業間のみならず、企業と顧客、サプライヤー、代替品の生産者、潜在的な新規参入者との間に生じる、利益配分をめぐる綱引きである。

競争の収斂 competitive convergence 企業が互いの動きを模倣して対抗するとき、つまり最高を目指して競争するときに起きることを指す。企業間の違いは時とともに失われ、どの企業も見分けがつかなくなる。競合企業が標準的な製品・サービスに向かって収斂すると、顧客は価格を判断基準にするしかなくなる。主流派経済学では、こうした「完全」競争がいかに価格を下げ、顧客に恩恵を与えるかがつねに強調されてきた。だがポーターの見方は違う。収斂は選択の幅を狭めるため、むしろ顧客に害を与える。

競争優位 competitive advantage 一般に「企業が得意だと自負すること」を指すのに使われ

る用語。たとえば「当社の競争優位は技術です」というい方をしたり、もっと緩やかに「当社の競争優位は人材にあります」といった使い方をすることもある。これに対してポーターの定義は、競争の経済性と緊密に関係している。競合他社より高い収益性を持続させている企業は、競争優位があるという。こう考えることでさらに掘り下げて、その優位を生み出しているのが高価格なのか、低コストなのか、あるいは両方の組み合わせなのかを解明できる。相対的価格や相対的コストの差が生じるのは、企業が行なう活動がほかと異なるからだ。

業務効果 operational effectiveness 経営者は一般に「ベストプラクティス」や「実行」と呼ぶが、ポーターは企業が競合他社に比べて、同一または類似の活動をより優れて行なう能力を指す、包括的な用語として用いる。業務効果には経営資源の有効活用を促す、さまざまな慣行が含まれる。どんな職能分野にも、その時々のベストプラクティスがある。たとえば工場に資材を搬入する最適な方法、営業部隊を訓練する最良の方法など。業務効果の差はあらゆる分野に見られ、これが収益性の相対的な違いをある程度説明する。業務効果とは、戦略の実行において優れた成果をあげることだ。業務効果は業績にとって重要だが、戦略とは別物だ。業務効果に関する詳細は『ダイヤモンド・ハーバード・ビジネス・レビュー』二〇一一年六月号の「[新訳]戦略の本質」("What Is Strategy?" in *On Competition,*

Updated and Expanded Edition, 2008）を参照のこと。

（国、立地の）競争力 competitiveness （of a nation, a location） 通常、従来型の比較優位をもつ地域や国を表すのに用いられる。たとえば安い労働力、貴重な天然資源へのアクセスなど。だがポーターは、低価格のインプット（投入物）、つまり「**比較優位**」（comparative advantage）に焦点をあてることの意味は、かつてに比べて格段に薄れていると考える。ポーターは人的資源、天然資源、そして資本がどれだけ生産的に活用されているかという観点から、立地の競争力を定義する。いいかえれば、競争力はある立地にもともとあるインプットではなく、そのインプットを有効に活用して価値あるモノやサービスを生産する能力によって決まる。つまり競争力を生み出すのは、その土地にもともと備わっているものではなく、選択なのだ。さらにいえば、ある立地の潜在的な生産性と発展性は、当地の企業が属する業界ではなく、それら企業が競争する方法によって決まる。政策立案者や企業経営者は、自らの下す選択を通じて事業環境を生み出し、この環境が企業の競争方法と、ひいては競争力に影響をおよぼす。このテーマに関する詳細は『競争戦略論』の「国の競争優位」（"The Competitive Advantage of Nations"）を参照のこと。

クラスター clusters 企業やサプライヤー、関連業界、専門機関（教育機関など）が地理的に集積した状態をいう。ハリウッド（エンターテイメント）、シリコンバレー（先端技術）、インドのスーラト（ダイヤモンド研磨）などがこの好例だ。クラスターは競争において重要な役割を担う。企業の生産性は類似企業や専門機関、インフラなどの存在に影響されるからだ。たとえば敏速なサービスを提供する有能なサプライヤーが地元にあれば、企業の効率性は向上する。クラスターは地域の資産や制度を活用する。たとえば公教育、物理的インフラ、清潔な水、公正な競争法、品質基準、透明性など。クラスターは、成功し繁栄しているすべての経済に見られる顕著な特徴であり、競争力や起業家精神、新たな企業成長を促す重要な原動力である。このテーマに関する詳細は『競争戦略論』の「クラスターと競争」（"Clusters and Competition"）を参照のこと。

グローバル戦略 global strategy、グローバリゼーション globalization **地理的範囲**の項を参照のこと。

継続性 continuity ポーターはこの用語を、中核的な価値提案の安定性を指すものとして用いる。継続性は優れた戦略の第五の条件だ。戦略とは道筋であって、目的地ではない。企業が何らかの道を外れずにいるには、静止する必要はない。この違いがわかっておらず、戦略がなぜか「静態的」であるとか、戦略は変化に対応できないなどと考える人たちがいる。戦略をつくるそのほかの要素――バリューチェーンを価値提案に合わせて特別に調整すること、トレードオフを増強すること、すべての活動を適合させること――は、どれも実現するのに時間がかかる。企業は方向性を長期間継続しない限り、競争優位を構築し、深化させることはできない。

コストドライバー cost driver コストに影響するさまざまな要因。企業のコストポジションを分析するには、一つひとつの活動について、どのような要素がコストに影響を与えているかを検証する。『競争優位の戦略』は、このテーマに五〇ページもの章を割いている。

差別化 differentiation この用語は単に「ほかと違っている」という意味で使われることが最も多い。またマーケティングでは、ある製品・サービスの相対的なポジショニング（ほかより品質が高い、機能が充実している、価格が低いなど）を説明するために使われる。ポーターはさらに狭義に用いて、企業の提供する製品・サービスが顧客の支払意思額を高めた結果、競合企業より相対的に高い価格を課せる状態を指す。ポーターがこの狭義の正確な定義を好むのは、価格とコストという、競争優位をつくる二つの要素を混同しないことが肝心と考えているからだ。

参入障壁 barriers to entry　新規参入者が業界に参入する際、乗り越えなくてはならないハードルをいう。参入障壁が低い（つまり参入が容易な）業界は、平均収益性が低くなる。新規参入者の脅威は、五つの競争要因の一つである。

実行 execution　**業務効果**の項目を参照のこと。

スタック・イン・ザ・ミドル stuck in the middle　企業がトレードオフを行なうことを拒み、あらゆる顧客にあらゆるものを提供しようとするときに陥る戦略の罠を表す、ポーターのいい回し〔真ん中で身動きが取れない状態をいう〕。発表されるやいなや、戦略用語集の仲間入りをした。このことの問題は、互いに両立しない価値を提供しようとする企業は、独自の価値を提供するために活動を調整することを厭わない、焦点を絞った企業に比べて、効率性においても有効性のうえでも劣ることだ。

ゼロサム競争 zero-sum competition　誰かを負かすことによってしか勝てない競争をいう。その「誰か」は、顧客やサプライヤーの場合もある。たとえばポーターはアメリカの医療業界における競争を、次のように説明している。「コストはほかに転嫁することで削減される。医師は患者にかける時間を削って生産性を上げるよう、圧力をかけられる。医師はより有利な契約を病院と結ぶことで競争に勝つ……病院は医療集団を結成し、料金に関する交渉力を強めることで勝つ……医療保険はサービスを限定し、医師たちに賃金引き下げを受け入れさせることで勝つ。このようにシステム内の各当事者が、患者のための価値を高めることではなく、誰かから価値を奪うことで利益を得ているのだ」。以下を参照のこと。Porter and E. Teisberg, "How Physicians Can Change the Future of Health Care," *JAMA* 297, no.10(2007).

戦略 strategy　この用語は一般に、あらゆる重要な目標や構想を指して用いられる。たとえば「当社の戦略は業界トップになることです」、「買収を通じて成長するのが私たちの戦略です」など。ポーターは戦略を、競争に直面した企業がどのようにして卓越した業績を実現するか、その方法を決定する、一連の統合された選択と定義する。戦略は、目標（たとえば一位になること）でも、具体的な行動（たとえば買収を行なうこと）でもない。戦略は企業が目標を達成するために選択するポジショニングのことであり、行動は企業がそのポジショニングを実現するために進む道筋である。さらにいえば、ポーターのいう戦略とは、優れた戦略、つまり業界平均を上回るＲＯＩＣを実現する戦略のことだ。

戦略的競争 strategic competition　ポーターはこの用語を、**プラスサム競争**の意味で用いる。つまり、企業が顧客のために独自の価値を生み出すことで、自らも勝者となれる（かつ卓越した収益性を実現できる）競争である。これは顧客と企業の双方に利益がある、ウィン・ウィン型の競争だ。

相対的価格 relative price 競合他社と比較した自社の単位あたり価格。相対的な価格優位性は、買い手価値を高めるような差別化から生じる。わかりやすい言葉でいえば、価格優位性は顧客により多くの金額を支払おうと思わせる、特徴ある何かを生み出すことでもたらされる。

相対的コスト relative cost 競合他社と比較した自社の単位あたりコスト。相対的なコスト優位性を生み出す方法は二つある。競合他社と同じ活動をより優れて行なう（最高を目指す競争）か、他社と異なる活動を行なう（独自性を目指す競争）かだ。

相対的な買い手価値 relative buyer value 顧客がほかの製品・サービスと比較して、当該製品・サービスに支払ってもよいと考える金額。

代替品 substitute 顧客がニーズを満たすために自社製品の代わりに選ぶかもしれない、異なるカテゴリーの製品。携帯電話が特に若い世代の間で腕時計の代替品になりつつあることが、伝統的な時計メーカーを悩ませている。代替品の脅威は、五つの競争要因の一つである。

ダイヤモンド理論 diamond theory　ポーターの主要なフレームワークの一つ（本書では扱わない）で、なぜ一部の国や地域が特定の業界で経済的に成功しているのかを説明する。比較優位の考え方は、地域の成功を安い労働力や貴重な天然資源へのアクセスによるものとする。これに対してポーターは、高い生産性やイノベーションを通じて実現された競争優位の果たす役割を強調する。ダイヤモンド理論によれば、地域の環境が最も先見的で、動態的で、挑戦しがいがあるときに、このような条件が揃うという。『国の競争優位』（*The Competitive Advantage of Nations*, 1990）〔上・下、土岐坤・中辻萬治・小野寺武夫・戸成富美子訳、ダイヤモンド社、一九九二年〕を参照のこと。

多角化 diversification　企業がさまざまな事業に手を伸ばすことをいう。ポーターの多角化に関する考え方は、バリューチェーンとそれを構成する活動と直接関係している。曖昧に定義されたコアコンピタンスが、実際には何の関連性もない事業への多角化を正当化しているケースは後を絶たないとポーターはいう。多角化で難しいのは、新しい事業と共有できる活動と活動システム、または特定の活動の運営に必要な独自スキルを移転できるような事業を見きわめることだ。これが貴重な資源や能力を有効活用する方法である。このテーマに関する詳細は『競争戦略論』の「競争優位から企業戦略へ」を参照のこと。

地理的範囲 geographic scope 戦略にとっては、業界の地理的境界線を正しく引くことが決定的に重要である。自社の事業はグローバルだろうか、それとも全国的、地域的、あるいはローカルな事業だろうか？ 製品間で五つの競争要因に大きな違いが見られる場合、それらの製品は別々の業界に属すると考えた方がよいだろう。国や地域によって業界構造が大きく異なり、それぞれに異なる戦略が必要とされる場合でも、企業は事業をグローバルと定義する傾向があるとポーターはいう。『競争戦略論』の「多くの立地にまたがる競争」（"Competing Across Locations: Enhancing Competitive Advantage Through a Global Strategy"）を参照のこと。

適合性（フィット）fit ある活動の価値またはコストが、ほかの活動が行なわれる方法によって影響を受けることをいう。適合性は優れた戦略の五つの基本条件の一つであり、コストを引き下げるか、顧客の支払意思額を高めるような独自の価値を生み出すことによって、競争優位の価値を高める。また適合性は、戦略の持続性を高める。なぜなら適合性が存在すると、競合他社が戦略の複雑な活動システムを理解し模倣するのが難しくなるからだ。

投下資本利益率（ROIC）return on invested capital　企業が投下した資本に対して、どれだけの利益を生み出したかを測る財務指標。ポーターは、ROICが成功を測る最良の財務指標だという。なぜならこの指標は、企業が経済価値を創出するために、資源をどれだけ有効に活用しているかをとらえるからだ。

特別に調整されたバリューチェーン tailored value chain　ポーターは「特別に調整された」（tailored）という表現を、特定の価値提案を実現するために特別に設計された活動という意味で用いる。特別に調整された活動（tailored activities）は、一般的な活動（generic activities）の対義語である。特別に調整されたバリューチェーンをもっていることが、ポーターの優れた戦略の第二の条件である。

トレードオフ trade-offs　企業が両立し得ない複数の戦略的ポジショニングの間で選択を迫られるとき、トレードオフが生じる。この種の選択が、競合企業間のコストや価値の差を生む。これが、トレードオフが戦略の経済的なかすがいと呼ばれるゆえんである。トレードオフは優れた戦略の五つの基本条件の一つであり、競争優位の源泉であるコストと価格の差を生み出す。またトレードオフはライバル企業による模倣を難しくする。なぜならライバル企業は異なる選択をしているために、ほかの会社のやっていることを模倣すれば、自らの戦略を損なうことになるからだ。このようにトレードオフは、既存の競合企業による模倣を阻むことで、競争優位の持続を可能にする。

バリューシステム value system 最終消費者のための価値創造に必要な、末端から末端までのすべての活動を指す。一般に企業のバリューチェーンは、より大きなバリューシステムの一部をなしている。バリューシステムには、上流の企業（サプライヤー）または下流の企業（流通チャネル）、またはその両方が含まれる。価値が創出される方法をこのような観点からとらえると、必然的にプロセス内のすべての活動を（どの企業が行なうかとは関係なく）考慮に入れるようになる。また各活動を単なるコストとしてではなく、完成した製品・サービスに何らかの価値を加える段階としてとらえるようになる。したがってバリューチェーンを考える際には、自社の活動がサプライヤー、チャネル、顧客の活動とどのように関わっているかを考えることが大切だ。

バリューチェーン（価値連鎖） value chain 企業がモノやサービスを企画、生産、販売、配送するために行なうさまざまな活動の総称。バリューチェーンは競争優位を理解するための基本ツールである。なぜならすべてのコストはバリューチェーン内の活動から生じ、すべての差別化はバリューチェーン内の活動がもたらすからだ。

フレームワーク frameworks ポーターが、自らの手法を形式的な経済モデルと区別するために用いる用語。形式的なモデルでとらえられるのは、競争の多様な側面のうちの、数学的に表現し、解決できる側面に限られる。またその際、扱う変数の数を大幅に減らさなくてはいけない。ポーターのフレームワークは、競争が複雑すぎて形式的モデルではとらえきれないという認識のうえに成り立っており、どちらかといえば競争の適切な側面を検討するのに役立つ、エキスパート・システムのようなものだ。

ポジショニング positioning 業界内の具体的かつ適切な競合企業群に対して選択された価値提案をいう。優れた戦略を見出すとは、独自のポジショニング、つまり業界内での「居場所」を見つけることである。

ポーター仮説 Porter hypothesis 企業による環境汚染は経済的浪費の一形態である場合が多い、というポーターの説に、環境団体が与えた呼び名。経済的浪費とは、資源の非効率的利用やエネルギーの浪費、貴重な原材料の廃棄などを指す。環境パフォーマンスの改善は生産性の向上につながることが多く、ときには改善に要したコスト以上のメリットが得られることもある。したがって企業は環境改善を、規制がもたらす厄介事ととらえるのではなく、生産性と競争力の向上に欠かせない要素と見なすべきだ。ポーターは、賢明な環境規制が製品やプロセスのイノベーションを促すと考える。『ダイヤモンド・ハーバード・ビジネス・レビュー』二〇一一年六月号の「[新訳]環境、イノベーション、競争優位」(“Green and Competitive: Ending the Stalemate” by Michael E. Porter and Claas van der Linde in *On Competition, Updated and Expanded Edition*, 2008)を参照のこと。

模倣障壁 barriers to imitation 業界内の企業が他社の戦略を模倣しようとして、ポジショニングの変更を試みる際、クリアしなくてはならないハードルのこと。模倣障壁は競争の収斂のプロセスを遅らせる。

索　引

た

な

は

ま

ら

注釈と出典

ポーターの研究の包括的な目録（プレゼンテーションやインタビューを含む）は、競争戦略研究所（ISC）のウェブサイトに掲載されている(http://isc.hbs.edu)。また読者が関心をもったテーマを深められるよう、用語集でもポーターの著書・学術論文を一部紹介している。

はじめに

ポーターは2010年の秋に私との私的な会話のなかで、1970年代に経験した学術界の分断について説明してくれた。自身のフレームワークが生まれたいきさつについての彼自身の回想は、以下からの引用である。M. E. Porter, N. Argyres, and A. M. McGahan, "An Interview with Michael Porter," *Academy of Management Executive*, 16, no. 2 (2002): 43-52.

第１章　競争——正しい考え方

空港の座席の事例は、以下を参考にした。Daniel Michaels, "Hot Seat: Airport Furniture Designers Battle for Glory," *Wall Street Journal*, May 17, 2010.

ホテルのベッド戦争の事例は、以下の報道からの引用である。Christopher Elliott, "Détente in the Hotel Bed Wars," *New York Times*, January 31, 2006. また以下も参照のこと。Youngme Moon, "The Hotel Bed Wars," Case 9-509-059 (Boston: Harvard Business School, 2009).

第２章　五つの競争要因——利益をめぐる競争

この章はマイケル・E・ポーターの以下の論文を基盤とし、引

用している。"The Five Competitive Forces That Shape Strategy," reprinted in *On Competition, Updated and Expanded Edition* (Boston: Harvard Business School Publishing, 2008)〔邦訳は『ダイヤモンド・ハーバード・ビジネス・レビュー』2011年6月号の「[改訂] 競争の戦略」〕。

セメント業界の市場支配力については、以下を参照した。Peter Fritsch, "Hard Profits: A Cement Titan in Mexico Thrives by Selling to Poor," *Wall Street Journal*, April 22, 2002. また以下も参照のこと。Pankaj Ghemawat, "The Globalization of CEMEX," Case 9-701-017 (Boston: Harvard Business School, 2004).

航空業界の「搬入搬出」に関する就業規則は、以下で説明されている。Micheline Maynard, "More Than Money Is at Stake in Votes by Airline Unions," *New York Times*, April 29, 2003.

きわめて綿密かつ厳格な五つの競争要因分析の例については、ISCのウェブサイトに掲載された航空業界に関する論文を参照のこと。http://www.isc.hbs.edu/pdf/IATA_Vision_2050_Chapter_1.pdf.

業界分析を行なう際には、以下が参考になる。Jan Rivkin and Ann Cullen, "Finding Information for Industry Analysis," Note 9-708-481 (Boston: Harvard Business School, 2010).

第3章　競争優位――バリューチェーンと損益計算書

ケレハーの利益に関する発言は、以下からの引用である。Kevin and Jackie Freiberg, *Nuts! Southwest Airlines' Crazy Recipe for Business and Personal Success* (Austin, TX: Bard Press, 1996), 49.〔邦訳は『破天荒！　サウスウエスト航空驚愕の経営』小幡照雄訳、日経BP社、1997年〕。この本はサウスウエストの興味をそそる洞察に満ちた黎明期の物語であり、後の章でも引用している。

本書に掲載したバリューチェーンのテンプレートは、ポーターによる有名な図を簡略に示したものである。元の図は以下に収録されている。*Competitive Advantage: Creating and Sustaining Superior Performance* (New York: Free Press, 1985) 第2章〔邦訳は『競争優位の戦略―

―いかに高業績を持続させるか』土岐坤・中辻萬治・小野寺武夫訳、ダイヤモンド社、1985年〕、および“How Information Gives You Competitive Advantage,” reprinted in *On Competition* (2008)〔ビクター・E・ミラー共著、邦訳は『ダイヤモンド・ハーバード・ビジネス・レビュー』2011年6月号の「[新訳]ITと競争優位」〕。以下の論文は、バリューチェーン分析の具体的な利用方法に関して大いに参考になる。Porter and Robert S. Kaplan, “How to Solve the Cost Crisis in Health Care,” *Harvard Business Review*, September 2011.

私がホワールウィンド・ホイールチェアを初めて知ったのは、PBS〔アメリカの公共テレビ局〕のドキュメンタリー番組、「フロントライン／ワールド」を通してである。(PBS Frontline/World documentary *Wheels of Change*, produced by Marjorie McAfee and Victoria Gamburg, reported by Marjorie McAfee.) またホワールウィンドの事務局長マーク・クリザックと2011年4月に数回に分けて行なった私的なやり取りが、この組織に関する貴重な洞察を与えてくれた。

競争優位の分析方法（たとえば相対的コスト、コストドライバー、支払意思額などのテーマ）に関しては、以下の3本の論文が大いに参考になる。

● Pankaj Ghemawat and Jan W. Rivkin, “Creating Competitive Advantage,” Note 9-798-062 (Boston: Harvard Business School, 2006).

● Hanna Halaburda and Jan W. Rivkin, “Analyzing Relative Costs,” Note 9-708-462 (Boston: Harvard Business School, 2009).

● Tarun Khanna and Jan Rivkin, “Math for Strategists,” Note 9-705-433 (Boston: Harvard Business School, 2005).

デル、ホンダ、シュワブについては、私の前作でも触れている。*What Management Is: How It Works and Why It's Everyone's Business* (New York: Free Press, 2002)〔邦訳は『なぜマネジメントなのか――全組織人に今必要な「マネジメント力」』山内あゆ子訳、ソフトバンクパブリッシング、2003年〕。

ノマコルクの事例は以下にくわしい。Timothy Aeppel, “Show

Stopper: How Plastic Popped the Cork Monopoly," *Wall Street Journal*, May 1, 2010.

ポーターは以下の論文で、業務効果と戦略を混同することの問題について書いている。"What Is Strategy?" reprinted in *On Competition* (2008)〔邦訳は『ダイヤモンド・ハーバード・ビジネス・レビュー』2011年6月号の「[新訳] 戦略の本質」〕。

日本の競争力の分析については以下を参照のこと。Michael E. Porter, Hirotaka Takeuchi, and Mariko Sakakibara, *Can Japan Compete?* (Cambridge, MA: Perseus Publishing, 2000)〔邦訳は『日本の競争戦略』竹内弘高共著、榊原磨理子協力、ダイヤモンド社、2000年〕。

第4章　価値創造——戦略の核

本章に登場するポーターの言葉や概念、サウスウエスト航空に関するポーターの分析は、以下からの引用である。"What Is Strategy?" reprinted in *On Competition* (2008)〔邦訳は『ダイヤモンド・ハーバード・ビジネス・レビュー』2011年6月号の「[新訳] 戦略の本質」〕。価値提案の図はポーターが作成したもので、プレゼンテーション用の未発表の資料から引用した。

サウスウエストの初期の価格方針と拡大戦略については *Nuts!*〔『破天荒！　サウスウエスト航空驚愕の経営』〕(前掲) を引用した。

ウォルマート、エンタープライズ、サウスウエスト、アラビンドについては私の前著 *What Management Is* (2002)〔『なぜマネジメントなのか——全組織人に今必要な「マネジメント力」』〕(前掲) で、またウォルマートに関しては以下でも述べている。"Why Business Models Matter," *Harvard Business Review*, May 2002.〔邦訳は『ダイヤモンド・ハーバード・ビジネス・レビュー』2011年8月号の「ビジネスモデルの正しい定義——コンセプトのあいまいさが失敗を招く」〕。

アラビンドについてくわしく知りたい読者には、以下が参考になる。V. Kasturi Rangan, "The Aravind Eye Hospital, Madurai, India: In Service for Sight," Case 9-593-098 (Boston: Harvard Business School,

2009).

プログレッシブについては以下を参照した。John Wells, Marina Lutova, and Ilan Sender, "The Progressive Corporation," Case 9-707-433 (Boston: Harvard Business School, 2008).

以下はエンタープライズに関する優れた記事である。Carol Loomis, "The Big Surprise Is Enterprise," *Fortune*, July 14, 2006.

エドワード・ジョーンズに関しては、以下を参考にした。David J. Collis and Michael G. Rukstad, "Can You Say What Your Strategy Is?" *Harvard Business Review*, April 2008; and David J. Collis and Troy Smith, "Edward Jones in 2006: Confronting Success," Case 9-707-497 (Boston: Harvard Business School, 2009).

グレース・マニュファクチュアリングの社史は、以下を参照した。John T. Edge, "How the Microplane Grater Escaped the Garage," *New York Times*, January 11, 2011.

第5章　トレードオフ——戦略のかすがい

この章は、マクドナルド、ブリティッシュ・エアウェイズのゴー・フライ、ホームデポ、ロウズに関する未発表の研究をもとにしている。この研究を行なったのはポーターの主宰する競争戦略研究所の元同僚、アンドリュー・ファンダーバーク（Andrew Funderburk）である。以下も参照のこと。Stephanie Clifford, "Revamping, Home Depot Woos Women," *New York Times*, January 28, 2011.

ポーターによるイケアの分析は、以下を引用した。"What Is Strategy?" reprinted in *On Competition* (2008)〔邦訳は『ダイヤモンド・ハーバード・ビジネス・レビュー』2011年6月号の「［新訳］戦略の本質」〕。自分でつくったものを高く評価するという人間の性向を示したのは、以下の研究である。Michael I. Norton, Daniel Mochon, and Dan Ariely, "The 'IKEA Effect': When Labor Leads to Love," working paper 11-091, Harvard Business School, Boston, 2011.〔『不合理だからすべてがうまくいく——行動経済学で「人を動かす」』櫻井祐子訳、早川書房、

2010年を参照のこと〕。

私がイン・エヌ・アウト・バーガーを知るきっかけとなったのは、以下の本である。Youngme Moon, *Different: Escaping the Competitive Herd* (New York: Crown Business, 2010)〔邦訳は『ビジネスで一番、大切なこと——消費者のこころを学ぶ授業』北川和子訳、ダイヤモンド社、2010年〕。また同社の歴史は、以下にうまくまとめられている。Stacy Perman, *In-N-Out Burger: A Behind-the-Counter Look at the Fast-Food Chain That Breaks All the Rules* (New York: HarperCollins, 2009).

第6章　適合性——戦略の増幅装置

ポーターは以下で適合性の種類について説明している。"What Is Strategy?" reprinted in *On Competition* (2008)〔邦訳は『ダイヤモンド・ハーバード・ビジネス・レビュー』2011年6月号の「[新訳]戦略の本質」〕。

以下の二つは、ZARAに関する優れた資料である。Kasra Ferdows, Michael A. Lewis, and Jose A. D. Machucam, "Rapid-Fire Fulfillment," *Harvard Business Review*, November, 2004; and Pankaj Ghemawat and José Luis Nueno, "Zara: Fast Fashion," Case 9-703-497 (Boston: Harvard Business School, 2003).

ネットフリックスのマッチング問題に関するCEOリード・ヘイスティングスの発言は、以下から引用した。William C. Taylor and Polly LaBarre, *Mavericks at Work: Why the Most Original Minds in Business Win* (New York: HarperCollins, 2006)〔邦訳は『マーベリック・カンパニー——常識の壁を打ち破る超優良企業』小川敏子訳、日本経済新聞出版社、2007年〕。

経営学者ロジャー・マーティンが、次のブログでAT＆Tの価値破壊について語っている。"When Strategy Fails the Logic Test," November 24, 2010, http://blogs.hbr.org/martin/2010/11/i-pretty-much-knew-that.html.

第7章　継続性――戦略の実現要因

ポーターは以下の論文で、五つの競争要因の考え方を用いて、破壊の可能性を秘めた技術を分析している。"Strategy and the Internet," reprinted in *On Competition* (2008)〔邦訳は『ダイヤモンド・ハーバード・ビジネス・レビュー』2011年6月号の「[新訳] 戦略とインターネット」〕。

ネスレの牛乳ビジネスに関しては、以下を参照のこと。Porter and Mark R. Kramer, "Strategy and Society: The Link Between Competitive Advantage and Corporate Social Responsibility," reprinted in *On Competition* (2008)〔未邦訳〕。

シアーズの物語は以下にくわしい。Roger Hallowell and James I. Cash Jr., "Sears, Roebuck and Company (A): Turnaround," Case 898-007 (Boston: Harvard Business School, 2002).

フォードの変革に関するCEOアラン・ムラーリーの発言は、以下からの引用である。Bill Vlasic, "Ford's Bet: It's a Small World After All," *New York Times,* January 10, 2010.

BMWの設計プロセスについては、以下を参照した。S. Thomke, "Managing Digital Design at BMW," *Design Management Journal* 12, no. 2 (2001).

以下はネットフリックスに関する優れた資料である。Michael V. Copeland, "Reed Hastings: Leader of the Pack," *Fortune,* November 18, 2010; and Willy Shih, Stephen Kaufmann, and David Spinola, "Netflix," Case 9-607-138 (Boston: Harvard Business School, 2009).

BMWの電気自動車に対する考え方については、以下を参照のこと。Jack Ewing, "Latest Electric Car Will Be a BMW, From the Battery Up," *New York Times,* July 1, 2010.

サウスウエストの4機めの航空機の売却が10分間のターンアラウンド時間をもたらした経緯は、*Nuts!* (33-34)〔『破天荒！　サウスウエスト航空驚愕の経営』〕(前掲) に述べられている。

デルについては、私の前著 *What Management Is* (2002)〔『なぜマ

ネジメントなのか——全組織人に今必要な「マネジメント力」』〕(前掲) および "Why Business Models Matter," *Harvard Business Review,* May 2002〔『ダイヤモンド・ハーバード・ビジネス・レビュー』2011年8月号「ビジネスモデルの正しい定義——コンセプトのあいまいさが失敗を招く」〕に書いたほか、以下の論文を執筆するにあたり、マイケル・デルに直接インタビューを行なった。"The Power of Virtual Integration," *Harvard Business Review,* March 1998. デルについてさらにくわしく知りたい人は、以下が参考になる。Jan W. Rivkin and Michael E. Porter, "Matching Dell," Case 9-799-158 (Boston: Harvard Business School, 1999).

リズ・クレイボーンについては、以下を参照のこと。Nicolaj Siggelkow, "Change in the Presence of Fit," *Academy of Management Journal* 44 (2001): 838-857.

激動の時代には戦略が重要性を増すというポーターの発言は、以下からの引用である。Michael E. Porter and Jan W. Rivkin, "Industry Transformation," Note 701-008 (Boston: Harvard Business School, 2000).

〔エッセンシャル版〕
マイケル・ポーターの競《きよう》争《そう》戦《せん》略《りやく》

2012年 9 月25日　初版発行
2024年10月15日　18版発行

著　者　ジョアン・マグレッタ
訳　者　櫻《さくら》井《い》祐《ゆう》子《こ》
発行者　早川 浩

*

印刷所　三松堂株式会社
製本所　大口製本印刷株式会社

*

発行所　株式会社早川書房
東京都千代田区神田多町 2-2
電話 03-3252-3111
振替 00160-3-47799
https://www.hayakawa-online.co.jp
定価はカバーに表示してあります
ISBN978-4-15-209320-2　C0034
Printed and bound in Japan
乱丁・落丁本は小社制作部宛お送り下さい。
送料小社負担にてお取りかえいたします。